15일 영문법

초판 인쇄 : 2008년 11월 20일
초판 발행 : 2008년 11월 25일

저 자 : 조 재 근
발행인 : 서 덕 일
발행처 : 도서출판 문예림
등 록 : 1962. 7. 12 제2-110호
주 소 : 서울특별시 광진구 군자동 1-13 문예하우스 101호
전 화 : (02)499-1281~2
팩 스 : (02)499-1283
http://www.bookmoon.co.kr
E-mail : book1281@hanmail.net

ISBN 978-89-7482-456-3(13740)

＊잘못된 책이나 파본은 교환해 드립니다.

머리말

▎ 필자는 1970~80년대 암울했던 영어교육의 현장에서 대부분의 기성 세대들처럼 그 유명했던 수백 페이지 분량의 영어문법책을 처절하고도 무지하게 무조건 암기 해야만 했다. 지금도 그런 영어책들로 씨름 하고 있는 후배들을 발견 할 때면 그때의 악몽이 되 살아나는 듯하다. 이제는 제발 필요 없는 영어는 가르치지 않았으면 하는 간절한 바람으로 태평양 건너 New Zealand에서 이 책을 쓰기 시작했다.

▎ 많은 유학생들이 왜 유학을 와서 영문법을 다시 배우는가? 문법의 기본이 탄탄 하지 않은 영어실력은 모래위에 지은 집과 같기 때문이다. **영어권 국가 현지의 학생들도 초·중·고등학교**에서 영어 규칙 즉 **영어 문법을 배우고 있다**. 외마디 영어가 아닌 영어다운 영어를 말하기위해서도 문법은 필수적인 것이다. 특히 한국말과 영어는 완전히 다른 문장 구조를 가지고 있기 때문에 영어권 국가에서 출생하지 않은 **한국 사람들이 영어를 익히기 위해서 영문법은 필수 불가결한 것**이다.

▎ 그러나 이제는 정말 꼭 필요한 **실용 영어문법**만 배우자. 필자는 중1 과정의 영어를 마친 사람이라면 "**15일 영문법**"이 한권만으로도 영어 문법실력을 완성 할 수 있다는 확신을 가지고 이 책을 집필하게 되었다. 특히 필자는 영문법들 가운데 **관계대명사, 관계부사, 분사 구문, 간접의문문을 영문법의 4대 천왕**이라고 칭한다. 영어문장을 조금 주의 깊게 살펴보면 알 수 있듯이 영문법의 4대 천왕은 구성이 복잡한 긴 문장에서 반드시 사용되어지는 문법들이므로 이것들을 Master하게 되면 영어 문법의 50%이상을 끝 마쳤다고 해도 과언이 아니다. 따라서 이 4대 천왕을 중심으로 15단원을 부담 없이 하루 2~3시간씩 투자하여, 15일 동안 "**15일 영문법**"을 읽고나면 영어문법의 맥을 잡을 수 있으리라 확신한다.

오클랜드에서 저자

구성과 특징

01 구성

1. 본문
1. 15단원으로 구성된 필수실용 영어 어법을 제시합니다.
2. 보충 tip은 본문에서 설명한 내용을 좀더 심화하고자 할 때 사용했습니다.
3. 샘 한마디는 각 단원을 좀더 쉽게 이해할 수 있는 가이드가 될 것입니다.

2. 확인 문제, 실전 문제, 누적 Test
각 단원 마다 확인 문제와 실전 문제를 통해 다시 복습하도록 하였습니다. 또 세 단원 별로 누적 Test를 풀면서 자연스럽게 영어문법을 정복할 수 있게 될 것입니다.

3. 숙어
하루 22개씩 15일 동안 간단한 예문들을 통해 저자가 엄선한 기본 필수 숙어들을 익힐 수 있도록 하였습니다. 문법만 마스터 하지 말고 꼭 숙어도 외우기를 권합니다.

02 특징

"15일 영문법"의 특징

첫째 : 간단하다.
독해, 작문, 회화에 꼭 필요한 영어 문법만을 추출하였기에 간단명료하다.

둘째 : 쉽다.
영어문법은 복잡하고 지겹다는 일반적 생각을 깨뜨리고 혼자서도 쉽게 공부할 수 있다.

셋째 : 재미있다.
재미있는 삽화와 실용예문이 흥미를 더해준다.

Contents

제1일 품사, 문장의 성분, 형식
- 01. 8품사 ·············· 10
- 02. 문장의 성분 ·············· 16
- 03. 문장의 형식 ·············· 19
- 04. 형식의 전환 ·············· 26
- 확인 문제 및 실전 문제 ·············· 29

제2일 구와 절
- 01. 구의 종류 ·············· 33
- 02. 절의 종류 ·············· 36
- 확인 문제 및 실전 문제 ·············· 40

제3일 관계대명사
- 01. 관계대명사의 역할과 종류 ·············· 44
- 02. 관계대명사 격 ·············· 45
- 03. 관계대명사 That과 What ·············· 50
- 04. 관계대명사의 용법 ·············· 54
- 05. 복합관계대명사 ·············· 55
- 06. 관계대명사 that과 접속사 that의 비교 ·············· 57
- 확인 문제 및 실전 문제 ·············· 59
- 누적 Test(1장~3장) ·············· 63

제4일 관계 부사
- 01. 관계부사의 종류 ·············· 66
- 02. 관계부사의 용법 ·············· 69
- 03. 복합관계 부사 ·············· 70
- 확인 문제 및 실전 문제 ·············· 72

제5일 분사와 분사 구문
- 01. 분사의 종류와 용법 ·············· 75
- 02. 분사 구문 ·············· 76
- 확인 문제 및 실전 문제 ·············· 82

제6일 간접 의문문과 부가 의문문
- 01. 간접의문문·····················86
- 02. 부가 의문문·····················90
- 확인 문제 및 실전 문제···············93
- 누적 Test(1장~6장)··················96

제7일 완료와 완료진행
- 01. 완료형························99
- 02. 완료 진행형···················104
- 확인 문제 및 실전 문제··············107

제8일 가정법
- 01. 시제에 따른 분류················111
- 02. 가정법의 다양한 표현············113
- 03. 가정법의 도치 및 If의 생략········117
- 확인 문제 및 실전 문제··············118

제9일 수동태
- 01. 시제에 따른 수동태·············122
- 02. 문장 형식에 따른 수동태·········124
- 03. by+목적어를 생략할 수 있는 수동태······126
- 04. 수동태의 관용적 표현···········126
- 확인 문제 및 실전 문제············128
- 누적 Test(1장~9장)·················131

제10일 관사와 it의 특별 용법
- 01. 관사·····················134
- 02. 정관사····················137
- 03. it의 특별 용법···············140
- 확인 문제 및 실전 문제···········143

Contents

제11일 부정사
01. 부정사의 용법 ·················147
02. 부정사의 관용적 표현············150
03. 독립 부정사 ·····················152
04. 현형 부정사 ·····················153
05. 대부정사 ························153
확인 문제 및 실전 문제 ·············154

제12일 동명사
01. 동명사의 용법 ···················157
02. 동명사와 부정사의 비교 ·········160
03. 동명사의 관용적 표현············161
확인 문제 및 실전 문제 ·············164
누적 Test(1장~12장)················167

제13일 형용사의 비교 변화
01. 형용사의 변화 ···················170
02. 원급과 비교급 ···················171
확인 문제 및 실선 분제 ·············176

제14일 일치와 화법
01. 시제의 일치 ·····················179
02. 주어와 동사의 일치··············182
03. 화법 ·····························184
확인 문제 및 실전 문제 ·············187

제15일 조동사
- 01. 조동사·············191
- 확인 문제 및 실전 문제 ············197
- 누적 Test(1장~15장) ············200

- 필수 암기 숙어·············203
- 확인문제 및 실전문제 정답·········217
- 누적테스트 정답 및 해설············239

15일 영문법

- 제 1일   품사, 문장의 성분, 형식
- 제 2일   구 와 절 (Phrase & Clause)
- 제 3일   관계대명사 (Relative Pronoun)
- 제 4일   관계 부사 (Relative Adverb)
- 제 5일   분사와 분사 구문 (Participle & Participial Construction)
- 제 6일   간접 의문문과 부가 의문문
- 제 7일   완료와 완료진행
- 제 8일   가정법 (Subjunctive mood)
- 제 9일   수동태 (The passive voice)
- 제10일   관사와 It의 특별 용법
- 제11일   부정사(Infinitive)
- 제12일   동명사 (Gerund)
- 제13일   형용사(Adjective)의 비교 변화
- 제14일   일치와 화법(Agreement & Narration)
- 제15일   조동사 (Auxiliary Verb)

제1일 품사, 문장의 성분과 형식

> 1장에서는 다소 딱딱하고 지겨운 용어들이 등장하지만 영어라는 산을 정복하기위해 준비해야하는 등산 장비와 같은 것들 이므로 간단히 점검해보도록 하자.

01 8품사

영어에서 각 단어는 문법적 성질에 따라 8대 family(가문)로 나눠지는데 이것을 8품사라 한다. 특별히 품사에서 형용사와 부사를 구분하는 것은 중요하다.

noun

사물의 이름을 나타내는 낱말로서 보통명사, 집합명사, 물질명사, 고유명사 추상명사 등으로 분류되지만 꼭 용어를 암기할 필요는 없고 차이점을 이해만 해도 좋을 것 같다.

(1) **보통명사** : pen, desk, book처럼 모양을 가지고 있는 물건의 이름을 나타내는 명사이다.
(2) **집합명사** : audience(청중들), people(사람들)처럼 집합체를 나타내는 명사를 말한다.
(3) **물질명사** : water(물), air(공기), gold(금)처럼 일정한 형태가 없는 물질의 이름을 나타내는 명사를 말하며 셀 수 없는 것으로 간주한다.
  * a cup of tea(차 한 잔), * two glasses of water(물 두 컵),
  * a spoonful of sugar(설탕 한 숟갈), * a piece of chalk(분필 1 자루),
  * a piece of furniture(가구 한 점)
(4) **고유명사** : Seoul(서울), Mt. Everest(에베레스트 산), the United States of America(미국) 처 럼 하나 밖에 없는 고유한 명칭으로 쓰이는 명사이다.
(5) **추상명사** : philosophy(철학), mind(마음), love(사랑), advice(충고)처럼 보이지 않는 추상

적인 것들의 이름을 나타내는 명사를 말하며 셀 수 없는 것으로 간주한다.

* a piece of advice(충고 한마디)

pronoun

명사를 대신해서 쓰이는 낱말을 대명사라고 한다.

(1) 사람을 호칭하는 **인칭대명사** : I, you, he, they, she 등

단·복수	인칭		주격	소유격	목적격	소유대명사
단수	1인칭		I	my	me	mine
	2인칭		you	your	you	yours
	3인칭	남성	he	his	him	his
		여성	she	her	her	hers
		중성	it	its	it	-
복수	1인칭		we	our	us	ours
	2인칭		you	your	you	yours
	3인칭		they	their	them	theirs

(보충 Tip) 소유대명사

「소유격+명사」를 대신하여 쓰는 대명사를 소유대명사라고 하며, '~의 것'으로 해석된다.

Ex. Is this wallet **yours**? (이 지갑은 당신의 것 입니까?)

　　That is **Min Ho's**. (그것은 민호의 것 입니다.)

(2) 사물을 호칭하는 **지시대명사** : it, this(these), that(those) 등

　The climate of Italy is like **that** of Florida.

　　* 지시대명사 that은 여기서 the climate를 받는다.

보충 Tip 복수형의 지시대명사

지시대명사의 복수형은 **these** 혹은 **those**를 사용한다.
Ex. The ears of a rabbit are longer than **those** of a wolf.

verb

say(말하다), go(가다), sleep(자다)등 사물의 동작을 나타내는 낱말을 동사라고 하며 '~다' 로 해석된다.

I	have	breakfast every morning.
I	study	English every day.
I	play	soccer.
I	watch	TV.
I	sleep	on the bed.

adjective

tall (키 큰), large(큰), long(긴)등 사물의 상태, 모양, 성격을 나타내는 낱말을 형용사라고 하며 '~하는', '~인' 등으로 주로 해석된다.

① The host was very **witty**.
   (그 사회자는 매우 재치 있었다.)
② Mrs. Sam is a **bizarre** gourmet.
   (Sam부인은 엽기적인 미식가이다.)
③ I need something **stimulating**. (○)
   I need **stimulating** something. (×)
   (나는 자극적인 무언가가 필요하다.)
④ Do you have anything **questionable**? (○)
   Do you have **questionable** anything? (×)
   (당신은 궁금한 게 있나요?)

A bizarre gourmet

A witty host

보충Tip ~thing을 수식하는 형용사

~**thing**(something, anything, nothing, everything)을 수식하는 형용사는 반드시 -**thing** 뒤에 놓인다.

5 부사

adverb

동사나 형용사 또는 다른 부사를 수식하는 낱말로서 품사의 구분에서 형용사와 부사의 구분은 매우 중요하다.

① She farted **confidently**. [동사 수식]
   (그녀는 자신감 있게 방귀를 뀌었다.)
② She is **really** bizarre. [형용사 수식]
   (그녀는 정말로 엽기적이다.)

She farted confidently.

③ He learned Chinese **very** hard. [다른 부사 수식]
　　(그는 정말 열심히 중국어를 배웠다.)

보충 Tip ~ly를 붙이면 다른 뜻이 되는 단어

hard : 단단한, 열심히 hardly : 거의~하지 않다.
scarce : 부족한 scarcely : 거의~하지 않다
late : 늦은 lately : 최근에(=recently)
near : 근처의 nearly : 거의
high : 높은, 높이 highly : 매우(=very)

샘 안마디!!

형용사 다음에 자신이나 친구의 이름을 붙여보면 말이 되지만 부사 뒤에는 불가능하다. 예를 들어 talkative+미영(수다스러운 미영)은 가능하지만 talkatively+미영(수다스럽게 미영)은 말이 되지 않는 것을 알 수 있다. 형용사 부사의 구분은 영어권 국가 학생들의 영어 문법 시험에도 빈번하게 출제 되는 문제들로 매우 중요하다.

6 전치사

preposition

in, at, on, from, by, of, with, under, for 등이 있으며 명사 또는 대명사 앞에 놓여 형용사구 혹은 부사구가 된다.

① They are **of ability**.
　　(그들은 능력이 있다.)

* of ability = able(형용사구)

② The mp3 player **on the desk** is mine.
(책상위에 있는 MP3는 나의 것이다.)

* on the desk(형용사구)

③ He succeeded in the business **with ease**.
(그는 쉽게 사업에 성공했다.)

* with ease = easily(부사구)

④ He pretended to be poor **on purpose**.
(그는 의도적으로 불쌍한 척 했다.)

* on purpose = purposely (부사구)

⑤ My mother gets up early **in the morning**.
(나의 어머니는 아침에 일찍 일어나신다.)

* in the morning (부사구)

He succeeded in the business.

(보충 Tip) 전치사＋추상명사

* of + 추상명사 = 형용사구
Ex. of wisdom = wise(현명한), of courage = courageous(용기 있는), of use = useful(유용한)

* with(on, by, in) + 추상명사 = 부사구
Ex. by accident = accidentally(우연히), in secret = secretly(비밀로)

7 접속사

conjunction

and, but, so, because 등과 같이 낱말과 낱말, 구(句)와 구(句), 절(節)과 절(節)을 연결하여 주는 낱말을 접속사라고 한다.

보충 Tip 구와 절

단어가 두 개 이상 함께 있을 때 **구**(phrase)라고 하며 주어(subject)와 동사(verb)가 있는 구를 **절**(clause)이라고 한다. 형용사구와 부사구를 구분하는 방법도 형용사 부사의 구분법과 똑같다.

exclamation

oh, alas, bravo 등과 같이 기쁨, 슬픔, 놀람을 나타내는 낱말을 감탄사라고 한다.

02 문장의 성분

영어 문장을 한 병의 콜라로 생각할 때 콜라의 4대 주성분인 (콜라나무 열매=주어), (물=동사), (탄산=목적어), (설탕=보어)의 관계로 볼 수 있으며 이때 주어, 동사, 목적어, 보어를 문장의 4대 성분이라고 한다. 혹시 콜라병이 열려있어 수많은 파리가 몰려와 파리똥이 콜라를 가득 채웠다 하더라도 콜라의 성분이 될 수는 없다. 따라서 문장 4대 성분을 제외한 모든 단어, 구, 절들을 파리똥으로 생각하여 구분하면 문장 분석이 매우 쉬워진다. 따라서 이 단원에서 부사, 부사구, 부사절을 파리똥이라 칭할 것이다.

subject

다른 음료수와 구분하여 콜라의 맛을 결정 지어주는 콜라나무 열매와 같은 역할을 한다. **문장의 주인(主人)에 해당되므로 주어(主語)**라 하며 해석은 (∼은, ∼는, ∼가, ∼이)로 한다.

His parents fart at each other freely.
(그의 부모님들은 서로 거리낌 없이 방귀를 뀐다.)

verb

콜라에서 물과 같은 역할을 하는 것처럼 **주어와 함께 문장의 중심**이 된다. 해석은 (∼다)로 한다.

① We **can** do it. [조동사] (우리는 할 수 있다.)
② All of us **are** bizarre friends. [be 동사] (우리 모두는 엽기적인 친구들이다.)
③ She **sings** well. [일반 동사] (그녀는 노래를 잘 부른다.)

 목적어

object

콜라에서 탄산의 역할을 하는것처럼 **동사가 표현하는 동작의 대상**이 되며 해석은 (~을, ~를, ~에게) 로 한다.

(1) 간접 목적어(Indirect Object) : ~에게
(2) 직접 목적어(Direct Object) : ~을, ~를
He showed her his first birthday picture.
　　　　　 ~에게(간.목)　을,~를(직.목)
(그는 그녀에게 그의 첫 돌 사진을 보여주었다.)

 보어

complement

보어는 문장이 완성되도록 보충 해주는 역할을 하며 2형식과 5형식 문장에서는 보어가 없으면 문장이 될 수 없다.

(1) **주격보어** : 2형식 문장의 보어를 말하며 **주어=보어**의 관계가 된다.
She is **a famous model**.
(그녀는 유명한 모델이다.)
　* she = a famous model. (주격보어)

(2) **목적격보어** : 5형식 문장의 보어를 말하며 **목적어＝보어**
의 관계가 된다.

We call her a fox with nine tails.
(우리는 그녀를 구미호라고 부른다.)

* her (목적어)＝a fox with nine tails (목적격보어)

We call her a fox with nine tails.

03 문장의 형식

용어자체가 중요한 것이 아니라 문장 속에서 각 부분들의 성분을 파악 하는 것이 중요하다.

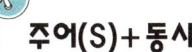

주어(S)＋동사(V)

(Suddenly), birds gathered (around them when they were hugging).
  부사파리똥   S   V   부사구 파리똥   부사절 파리똥

(그들이 포옹하고 있을 때 갑자기 새들이 그들 주변으로 몰려들었다.)

* (부사, 부사구, 부사절＝파리똥) 이므로 문장 형식과는 아무런 관계가 없다.

주어(S)+동사(V)+보어(C)

2형식 문장에 사용되는 대표적인 동사에는 be (~이다, ~있다, ~되다), become (~이 되다), get (~이 되다), look (~처럼 보이다), seem (~인 것 같다), sound(~으로 들리다), remain(~상태로 있다)등이 있으며 이러한 동사들 뒤에는 반드시 보어가 와야만 한다. 이때 부사가 보어로 사용될 수 없음을 주의해야한다.

① He became a comedian (after he graduated from university).
　　S　　V　　　C　　　　　　　부사절 파리똥
(그는 대학을 졸업한 후 코미디언이 되었다.)
　＊He＝a comedian

② The children look **happy**. (○) (그 어린이들은 행복하게 보인다.)
　 The children look happily. (×)

③ She **looks like** a happy princess. (그녀는 행복한 공주처럼 보인다.)
　＊look＋형용사　　＊look like＋명사(구)

④ It got **cold**. (○) (날씨가 춥게 되었다. = 날씨가 추워졌다.)
　 It got coldly. (×)

⑤ The question seems **hard**. (○) (그 문제는 어렵게 보인다.)
　 The question seems **hardly**. (×)

⑥ She **seems** plump.
　＝She **seems to be** plump.
　＝**It seems that** she is plump.
　　(그녀는 통통한 것처럼 보인다.)

⑦ She **seemed** plump.
　＝She **seemed to be** plump.
　＝**It seemed that** she was plump.

She seems plump.

(그녀는 통통한 것처럼 보였다.)

⑧ Your voice **sounds** different today.

(오늘 너의 목소리가 다르게 들린다)

⑨ She **remains** unmarried.

(그녀는 미혼인 채로 있다.)

보충 Tip 2형식 동사 (go, come, grow)

go, come(come to), **grow**등의 동사들도 2형식동사로 '~이 되다'의 뜻으로 사용된다.

Ex. ① He **went** red with anger.

② His dream finally **came** true.

③ The cat **came to** live with us.

④ It will soon **grow** dark.

3형식

주어(S)+동사(V)+목적어(O)

① She will love him (until she dies.)
    S   V   O   부사절 파리똥

(그녀는 죽을 때 까지 그를 사랑할 것이다)

② She shakes her left leg (whenever she kisses him.)
    S   V   O   부사절 파리똥

(그녀는 그와 키스 할 때마다 왼쪽 다리를 떤다.)

보충 Tip 3형식 동사

announce, explain, introduce, propose, suggest는 3형식동사이므로, 4형식문장 'S+V+간접목적(~에게)+직접목적(~을, ~를)' 형태로 쓸 수 없다.

Ex. She explained me the decision. (×)
She **explained** the decision **to me**. (○)

주어+동사+간접목적어(~에게)+직접목적어(~을, ~를)

4형식 동사는 대부분 '~을 주다'는 의미를 가지고 있기 때문에, 수여(授與)동사 라고도 한다. 4형식문장은 목적어가 두 개 이며 4형식 동사는 다음과 같은 것들이 있다.

4형식 동사			
give	(~에게 ~를 주다)	send	(~에게 ~를 보내주다)
show	(~에게 ~를 보여주다)	tell	(~에게 ~를 말해주다)
lend	(~에게 ~를 빌려주다)	teach	(~에게 ~를 가르쳐주다)
ask	(~에게 ~를 부탁하다)	make	(~에게 ~를 만들어 주다)
buy	(~에게 ~를 사주다)	find	(~에게 ~를 찾아주다)

She   bought   me   a couple ring (two months ago .)
 S   V   I.O   D.O   부사구 파리똥

(두 달 전 그녀는 나에게 커플링을 사주었다.)

보충 Tip Make의 활용

make 동사는 모든 형식이 가능하다.

(1) 1형식동사 : ~로 향하다   **Ex**. He made toward the tree.

(2) 2형식동사 : ~이 되다 **Ex.** She made a good wife.
(3) 3형식 동사 : ~을 만들다 **Ex.** I made it.
(4) 4형식 동사 : ~에게 ~를 만들어 주다 **Ex.** I made her it.
(5) 5형식 동사 : '(강제적으로)~를 ~하도록 시키다 **Ex.** I made her memorize it.

 주어+동사+목적어+보어

(1) 일반 동사의 5형식 문장

5형식 문장에서 보어는 목적어와 동일한 관계에 있으므로 목적보어라고도 한다. 용어자체보다 목적보어의 개념을 이해하는 것이 중요하다. 5형식 문장에 사용 되는 동사들은 다음과 같은 것들이 있다.

5형식 동사	
elect (~을 ~로 선출하다)	find (~가 ~하다는 것을 알다)
call (~을 ~라고 부르다)	think (~을 ~라고 생각하다)
keep (~가 ~한 상태로 유지하다)	

① We **elected** the mayor   our president . (우리는 그 시장을 대통령으로 뽑았다.)
         　　　　　O　　　　C(O.C)

② I **found** him a genius (at chemistry.) (나는 그가 화학에 천재라는 것을 알았다.)
　　　　　O　　C(O.C)　　부사구 파리똥

③ We **think** her frank . (우리는 그녀가 솔직하다고 생각한다.)
　　　　　O　　C(O.C)

④ They **call** me Jjang. (그들은 나를 '짱' 이라고 부른다.)
　　　　　O　　C(O.C)

(2) 지각동사(perceptive verb)가 사용된 5형식 문장

1) 5형식 문장의 지각동사

5형식 문장의 지각동사	
feel (~가 ~하는 것을 느끼다)	hear (~가 ~하는 것을 듣다)
listen to (~가 ~하는 것을 듣다)	see (~가 ~하는 것을 보다)
smell (~가 ~하는 것을 냄새 맡다)	watch (~가 ~하는 것을 보다)

Ho Dong **heard** Sam Soon fart quietly (when he was dancing with her.)
  S   V   O   C(O.C) 부사파리똥   부사절 파리똥
(호동이는 삼순이와 춤을 추고 있을 때, 삼순이가 조용히 방귀 뀌는 소리를 들었다.)
  * 방귀를 뀐 사람이 her 이므로 her는 목적어 fart는 목적보어의 관계가 된다.

2) 지각동사가 있는 5형식 문장은 부정사를 목적격 보어로 사용 할 수 없다.
  Ex. ① I heard her **to fart** quietly. (×)
      ② I heard her **fart** quietly. (○)
      ③ I heard her **farting** quietly. (○)
        (나는 그녀가 조용히 방귀뀌는 소리를 들었다.)
        * hear(~을 듣다):3형식동사
          hear(~가 ~하는 것을 듣다):5형식 동사

(3) 사역동사(causative verb)가 사용된 5형식 문장

I heard her fart quietly.

1) 5형식 문장의 사역동사(使役動詞)
  일반적으로 '~를 ~하도록 시키다'(~에게~하게 하다)라는 뜻으로 해석되는 동사를 사역동사라고 한다. 5형식 문장의 사역동사는 다음과 같은 것들이 있다.

5형식 문장의 사역동사	
let (방임적으로) ~를 ~하게 하다	make (강제적으로) ~를 ~하게 하다
have (부탁을 해서) ~를 ~하게 하다	help ~를 ~하도록 도와주다(준 사역 동사)
get ~를 ~하게 하다(준 사역 동사)	

① (As soon as I met her) she **made** me become a poet.
      부사절 파리똥   S   V   O   C(O.C)
(내가 그녀를 만나자 마자 그녀는 나를 시인이 되도록 만들었다.)
* 시인이 된 사람은 나 이므로 me = become a poet 이 된다.

② My mother **let** me travel alone.
(엄마는 나를 혼자 여행하게 했다.)
* let : (방임적으로) ~를 ~하도록 만들다 : 사역동사
* let-let-let : 현재 - 과거 - 과거완료

③ **Have** him go back home now.
(그를 이제 집에 돌아가게 하세요.)
* have : (부탁하여서) ~를 ~하도록 하다

2) 5형식 문장의 준 사역동사 get과 help
사역 동사와 비슷한 의미로 사용되어지는 동사를 준사역동사라 하며 get은 반드시 **to부정사**를 보어로 취하며 help는 **to 부정사와 동사원형**을 모두 보어로 취한다.

① **Get** your friend **to** do it.
(너의 친구에게 그것을 하게 해라.)
* get : ~를 ~하게 하다

② I **helped** her **(to)** be a cheer girl.
                   생략가능
= I helped her **be** a cheer girl.
(나는 그녀가 치어걸이 되도록 도와주었다.)
* help : ~를 ~하도록 도와주다 : 사역동사

(보충Tip) 4형식과 5형식 문장의 구별

He taught me a magic trick. (4형식)
* me ≠ a magic trick
We elected him our class captain. (5형식)
* him = our class captain

She made me become a poet.

I helped her be a cheer girl.

04 형식의 전환

1 전치사 to 사용

① I gave her a box of candy （on the White day.）(4형식)
　　　　 I.O(~에게) D.O(~을,를)　　　 부사구 파리똥

　↳ I gave a box of candy to her on the White day. (3형식)
　　　　　　　 O　　 부사구 파리똥　　 부사구 파리똥

　(화이트데이에 나는 그녀에게 한 상자의 사탕을 주었다.)

② Our uncle taught me a magic trick. (4형식)
　　　　　　　 I.O (~에게) D.O (~을,를)

　↳ Our uncle taught a magic trick to me. (3형식)
　　　　　　　　 O　　 부사구 파리똥

　(우리 삼촌은 나에게 한 가지 마술을 가르쳐 주었다.)

샘 한마디!!

일반적으로 4형식을 3형식으로 바꿀 때 4형식의 간접 목적어(~에게는)는 3형식에서 전치사 **to**와 결합하여 **부사구 파리똥**으로 된다. 부사, 부사구, 부사절 파리똥은 문장의 성분이 아님을 한 번 더 기억하자.

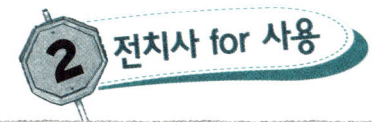

2 전치사 for 사용

get, make, buy, find가 사용된 4형식 문장을 3형식으로 바꿀 때 간접 목적어는 전치사 **for**와 결합하여 **부사구 파리똥**으로 된다. Get(…에게 ~를 가져다**주다**), make(…에게 ~를 만들어**주다**) buy(…에게 ~를 사**주다**), find(…에게 ~를 찾아**주다**) 등의 동사들은 좀 더 **강력한 의도**를 가지고 무언가를 주는 것이기 때문에 to가 아니라 **for**를 사용하여 부사구 파리똥으로 만들어 준다.

① She made him   a thousand of paper cranes . (4형식)
　　　　　I.O(~에게)　　　D.O (~을,~를)

　↳ She **made** a thousand of paper cranes **for** him . (3형식)
　　　　　　　　O　　　　　　　부사구 파리똥

　(그녀는 그에게 천 마리의 종이학을 만들어 주었다.)

② He found her   the dropped key in the sewer . (4형식)
　　　　I.O(~에게)　　　D.O (~을,~를)

　↳ He found the dropped key in the sewer **for** her .
　　S　V　　　　　　O　　　　　　부사구 파리똥

　(그는 그녀에게 하수구에 빠진 열쇠를 찾아주었다.)

She made him paper cranes.

'~에게 ~을 부탁(요구)하다' 는 의미를 가진 **ask, request, require등이** 사용된 4형식 문장을 3형식으로 바꿀 때 간접목적어 전치사 **of**와 결합하여 부사구 파리똥으로 된다.

① May I ask you a favour? (4형식)
　　　　　(~에게)　(~을,~를)

　↳ May I **ask** a favour **of** you ? (3형식)
　　　　　　　　　　　　O　　　부사구 파리똥

(당신에게 부탁하나 해도 될까요?)

② The teacher requires the students too much . (4형식)
　　　　　　　　　　　　(~에게)　　　(~을,~를)

　↳ The teacher **requires** too much **of** the students . (3형식)
　　　　　　　　　　　　　　O　　　　부사구 파리똥

(그 선생님은 학생들에게 너무 많은 것을 요구한다.)

1일 확인 문제

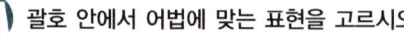

문제 A 괄호 안에서 어법에 맞는 표현을 고르시오.

1. My family (is, are) small.
2. He has (many, much) information about entertainers.
3. I need (something stimulating, stimulating something).
4. We know (it's, its) importance.
5. Most of students study (hard, hardly).
6. This book teaches us English (with ease, on ease).
7. I liked her only (in secret, with secret).
8. She pretended to be familiar to me (on purpose, in purpose).
9. The driver (looks, looks like) a psycho.
10. The principal (looks, look like) strict.

문제 B 밑줄 친 부분을 바르게 고치시오.

1. He is on wisdom.
2. It got coldly .
3. She looks happily .
4. My girlfriend gave a couple ring for me.
5. I heard a girl to scream .
6. Ho Dong bought a puppy of her.
7. May I ask a favour for you?
8. Don't let her to go alone.
9. We saw a dog kill .
10. She reported to the police to have the criminal arrest .

문제 C 다음을 괄호안의 형식에 맞추어 영어로 작문하시오.

1. 태양은 동쪽에서 뜬다. (1형식)
2. 날씨가 점점 더워지고 있다. (2형식)

3. 나는 매일 학교에서 돌아오자마자 나의 방을 청소한다. (3형식)
4. 호동이는 유리에게 시계를 사 주었다. (4형식)
5. 그 엄마는 그녀의 아기가 우는 소리를 들었다. (5형식)

1일 실전 문제
― 품사, 문장의 성분과 형식

유형 다음 밑줄 친 1형식 동사의 의미를 쓰시오. (1~4)
1. That will do.
2. It doesn't matter.
3. This type of medicine works very well.
4. This book sells well.

유형 다음은 2형식 문장이다. 어법상 틀린 것을 찾아 고치시오. (5~8)
5. You look beautifully. That dress really suits you.
6. That butter smelled somewhat badly.
7. He became to a US senator representing Ohio in 1974.
8. He turned mad after hearing the news.

유형 9. 다음은 3형식 문장이다. 빈칸에 들어갈 단어를 쓰시오.
① He explained the decision _____ me.
② He's already suggested that _____ me.
③ Let me introduce myself _____ you.
④ The man robbed me _____ my purse.
⑤ I informed him _____ your success.

유형 **다음 4형식 문장을 3형식 문장으로 바꾸시오. (10~14)**

10. She showed me her album.
    → _____.
    (그녀는 나에게 그녀의 앨범을 보여 주었다.)

11. Sam Sik bought Sam Soon a puppy.
    → _____.
    (삼식이는 삼순이에게 강아지 한 마리를 사주었다.)

12. Sam Soon made Sam Sik a glove.
    → _____.
    (삼순이는 삼식이에게 장갑을 만들어주었다.)

13. May I ask you a favor?
    → _____.
    (부탁 하나 해도 될까요?)

14. I found her the lost puppy.
    → _____.
    (나는 그녀에게 잃어버린 강아지를 찾아 주었다.)

유형 **다음 괄호 안에서 어법상 알맞은 것을 모두 고르시오. (15~18)**

15. I saw her [cry / crying / to cry]
    (나는 그녀가 우는 것을 보았다.)

16. I heard her [cry / crying / to cry]
    (나는 그녀가 우는 것을 들었다.)

17. Help me [pass / passing / to pass] in the exam.
    (그 시험에 통과하도록 나를 도와주세요.)

18. Let me [introduce / introducing / to introduce] myself to them.
    (내 자신을 직접 그들에게 소개하도록 하겠습니다.)

유형 19. **다음 5형식 문장의 문장 성분을 분석하시오. (주어, 동사, 목적어, 보어)**

① Our classmates elected me class captain.

② Jin Ho's mother made Jin Ho become a swimmer.

③ Sam Sik made Sam Soon a good baker.

④ I think Sam Soon frank woman.
⑤ We call Hyun Bin Sam Sik.

유형 우리말에 맞게 다음 빈칸을 채우시오. (20~25)

20. She _____ happy.
    = She looks _____ _____ _____ happy.
    = She seems happy.
    = It seems that she is happy. (그녀는 행복해 보인다.)

21. She seems to be lonely.
    = _____ seems that she is lonely. (그녀는 외로워 보인다.)

22. She seemed to be lonely.
    = It _____ that she was lonely.
    (그녀는 외로운 것처럼 보였다.)

23. It will get _____ tomorrow. (내일은 날씨가 맑을 것이다.)

24. My mother bought me a new computer
    = My mother bought a new computer _____ me.
    (엄마는 나에게 새 컴퓨터를 사주셨다.)

25. I helped my father to fix my bicycle.
    = I helped my father _____ my bicycle.
    (나는 아빠가 나의 자전거를 수리하는 것을 도와 드렸다.)

 # 구와 절(Phrase & Clause)

문장 구조를 설명하기위해 몇 가지 용어들이 사용 될 것이지만 구와 절에 대한 개념을 분명하게 이해한다면 용어들을 반드시 암기 할 필요는 없다.

01 구의 종류

두개의 이상의 단어가 모여 하나의 품사역할을 하는 것을 구(句)라고하며 세 가지 종류가 있다.

 **1 명사구**

'~하는 것' 혹은 **명사**로 해석되며 주어, 목적어, 보어의 역할을 한다.

(1) 주어로 사용

① **To learn computer** is necessary nowadays.
　　　주어

(오늘날 컴퓨터를 배우는 것은 필수적이다.)

② **His thinking** is creative.
　　주어

(그의 생각은 창조적이다.)

(2) 목적어로 사용

① I want **to be a computer programmer**.
　　　　　　　목적어

(나는 컴퓨터 프로그래머가 되는 것을(되길) 원한다.)

To learn computer is necessary nowadays.

② He learned **how to drive**.
　　　　　　　　　　목적어

(그는 운전하는 방법을 배웠다.)

(3) 보어로 사용

① To see is **to believe**. (보는 것이 믿는 것이다.)
　　　　　　　보어

 형용사구

형용사처럼 명사를 수식하거나 보어로 사용 된다.

(1) 명사를 수식하는 경우

① Whose is the coin **on the desk**?
　　　　　　　　　　형용사구 (명사를 수식)

(책상위에 있는 그 동전은 누구의 것이니?)

(2) 보어로 사용

① She is **of wisdom**. (그녀는 현명하다.)
　　　　형용사구 (보어로 사용)

② This CD is **of no use**. (이 CD는 쓸모가 없다.)
　　　　　　형용사구 (보어로 사용)

Whose is the coin on the desk?

보충 Tip of + 상명사

of + 추상명사(눈에 보이지 않는 명사)는 형용사구로서 형용사처럼 사용된다.
Ex. of wisdom = wise(지혜로운)　　of use = useful(쓸모 있는)

of no use = useless(쓸모없는)   of ability = able(능력 있는)
of honesty = honest(정직한)   of courage = courageous(용기 있는)

부사처럼 사용되며 동사나 형용사를 수식한다.

(1) 동사를 수식하는 경우

① My notebook is **on the desk**.
부사구 (동사를 수식)

(내 노트북은 책상위에 있다.)

② He carried out the mission impossible **at last**.
부사구 (동사를 수식)

(그는 마침내 그 불가능한 임무를 수행했다.)

보충 Tip) at last와 at least

* at last : 마침내   * at least : 적어도

Ex. He is **at least** thirty. (그는 적어도 30세는 된다.)
    He became thirty **at last**. (그는 마침내 30살이 되었다.)

He carried out the mission impossible.

(2) 형용사를 수식하는 경우

① The digital camera is expensive **to buy**.
부사구 (형용사를 수식)

(그 디지털 카메라는 구입하기에 값이 비싸다.)

02 절의 종류

두개 이상의 단어로 결합된 구(phrase)에 주어와 동사가 포함되어 있으면 절 (clause)이라고 한다.

(1) 주어로 사용

① It is a pity **that he should leave school**.
(그가 학교를 떠나게 되어 안됐다.)

② **That he tells a lie** is a bad habit.
(그가 거짓말 하는 것은 나쁜 습관이다.)

 * that : ~하는 것

(2) 목적어로 사용

① I know **what you did last summer**.
(나는 지난여름 네가 했던 일을 알고 있다.)

② We realized **that the decision was wrong**.
(우리는 그 결정이 잘못되었다는 것을 깨달았다.)

보충 Tip 명사절을 이끄는 what과 that

명사절을 이끄는 경우 what 뒤에는 불완전한 문장이 오는데 반하여 that 뒤에서는 완전한 문장이 온다.
Ex. I knew **that** he killed the tiger. (that 뒤에 완전한 문장이 옴)
　　　What she told me was true. (what 뒤에 told의 목적어가 비워있는 불완전한 문장이 옴)

③ Do you know **if she likes Taeho**?
 (너는 그녀가 태호를 좋아하는지 아니?)
 * if : ~인지

④ Call him **whether he is at home or not**.
 (그가 집에 있는지 없는지 전화해 보아라)
 * whether~ or not : ~인지 아닌지

보충 Tip 간접의문문을 이끄는 if와 whether

If와 whether는 똑같이 '~인지'의 뜻으로 쓰이지만 다음 경우에서 whether만 사용한다.
① whether~or not 형태의 문장.
 I don't care whether **or not** you fail the exam.
② whether 바로 뒤에 to부정사가 오는 경우
 I couldn't decide whether **to accept** or to reject the plan.
③ 전치사의 목적절
 It depends **on** whether you have the will to fight.

(3) 보어로 사용

① This is **what I want to ask you**.
 (이것이 내가 너에게 질문하고 싶은 것이다.)

② The important fact is **that she works hard**.
 (중요한 사실은 그녀가 열심히 일한다는 것이다.)

2 형용사절

형용사처럼 명사를 수식하는 절을 말하는데 이것은 관계대명사와 관계부사 에서 더 구체적으로 다룰 것이다.

① There was a scream **which** awoke her in the midnight .
　　　　　　　　　　관계대명사가 이끄는 절
(한밤중에 그녀를 깨웠던 비명소리가 있었다.)

② This church is the place **where** my father married my mother .
　　　　　　　　　　　　관계부사가 이끄는 절
(이교회는 우리 엄마와 아빠가 결혼하셨던 곳이다.)

A scream which awoke her

보충 Tip 주의 해야 할 동사

kiss(~와 키스하다), **marry**(~와 결혼하다), **divorce**(~와 이혼하다), **call**(~에게 전화하다), **tell**(~에게 말하다), **ask**(~에게 묻다), **order**(~에게 명령하다), **advise**(~에게 조언하다)등의 타 동사들은 전치사의 뜻을 포함하고 있으므로 사용할 때 주의해야한다.

Ex. She kissed with him.　(×)　She kissed him.　(○)
　　 She will marry with him. (×)　She will marry him. (○)

제 2 일 구와절(Phrase&Clause)

주어＋동사로 이루어진 절이 문장에서 부사의 기능을 하는 것을 말한다. 부사절은 때, 이유, 조건, 양보 등의 다양한 의미를 갖는다.

① **Whenever he meets pretty ladies**, he is puzzled. [때]
   　　부사절

(그는 예쁜 숙녀를 만날 때마다 당황해한다.)

② Her father scolded her **because she wore a mini skirt**. [이유]
   　　　　　　　　　　　　　　　부사절

(그녀가 짧은치마를 입었기 때문에 그녀의 아빠는 그녀를 꾸짖었다.)

③ **If I be you**, I'll forgive him. [조건]
   　부사절

(내가 너라면 나는 그를 용서할 것이다.)

   * If I **am**~ = If I **be**~, If it **is**~ = If it **be**~

④ **Though he drinks a cup of coke**, he gets drunk. [양보]
   　　　　부사절

(그는 한 잔의 콜라만 마셔도 취한다.)

Her father scolded her ...

Though he drinks a cup of coke...

39

2일 확인 문제

구와 절(Phrase & Clause)

문제 A 빈칸에 적절한 단어를 넣으시오.

1. _____ travel is a good experience.
   (여행하는 것은 좋은 경험이다.)

2. Do you know _____ to drive?
   (당신은 운전 할 줄 아세요?)

3. We must finish it _____ once.
   (우리는 당장에 그것을 끝마쳐야만 한다.)

4. He is a student _____ courage.
   (그는 용기 있는 학생이다.)

5. It is strange _____ she killed herself.
   (그녀가 자살했다는 것은 이상하다.)

6. _____ he says is true.
   (그가 말하는 것은 사실이다.)

7. He is the most excellent singer _____ I like.
   (그는 내가 좋아하는 가장 뛰어난 가수이다.)

8. Do you know _____ she comes back?
   (당신은 그녀가 언제 돌아오는지 아십니까?)

9. _____ I be you, I will choose the way.
   (만약 내가 당신이라면 그 방법을 선택할 것입니다.)

10. _____ you succeed or not, you must do your best.
    (당신이 성공하든 못하든 최선을 다해야만 합니다.)

문제 B 빈칸을 채워 다음의 두 문장들을 같은 의미로 만드시오.

1. To tell a lie is wrong.
   = _____ a lie is wrong.

2. That he is clever is true.
   = It is true _____ he is clever.

제 2 일 구와절(Phrase&Clause)

3. I don't know what I should do now.
   = I don't know what _____ do now.
4. To go out with her is nearly impossible.
   = _____ out with her is nearly impossible.
5. This machine is useful.
   = This machine is _____ use.
6. She did it purposely.
   = She did it _____ purpose.
7. As soon as I come back home, I have a shower.
   = _____ coming back home, I have a shower.
8. He finished the mission finally.
   = He finished the mission _____ _____.
9. How handsome you are!
   = _____ a handsome boy _____ are!
10. I know what you did last summer.
    = I know _____ _____ _____ you did last summer.

문제 괄호안의 지시에 따라서 다음을 영어로 작문하시오.

1. 이 지폐는 사용할 수 없다. (형용사구)
   → _____.

2. 언덕위에 있는 그 집은 하얀색이다. (형용사구)
   → _____.

3. 그들은 언덕위에서 노래를 부르고 있다. (부사구)
   → _____.

4. 이것은 그녀가 나에게 보낸 유일한 메일이다. (형용사절)
   → _____.

5. 우리가족이 비록 부자는 아니지만 나는 행복하다. (부사절)
   → _____.

41

2일 실전 문제

구와 절(Phrase & Clause)

유형 **우리말에 맞게 적당한 구를 쓰시오. (1~5)**

1. _____ _____ is to believe. [명사구]
   (보는 것이 믿는 것이다.)

2. She is _____ _____. [형용사구]
   (그녀는 지혜롭다.)

3. I finished my homework _____ _____. [부사구]
   (나는 마침내 숙제를 끝마쳤다.)

4. There are two birds _____ _____ _____. [부사구]
   (나무 위에 두 마리 새들이 있다.)

5. He was a traitor _____ _____ _____. [부사구]
   (과거에 그는 반역자였다.)

유형 **우리말에 맞게 적당한 절을 쓰시오. (6~10)**

6. _____ _____ _____ is only you. [명사절]
   (내가 원하는 것은 오직 당신뿐이다.)

7. She is popular _____ _____ _____. [부사절]
   (그녀는 가는 곳마다 인기가 있다.)

8. He is rich _____ _____ _____ young. [부사절]
   (그는 나이가 어림에도 불구하고 부자다.)

9. I know _____ _____ _____ last summer. [명사절]
   (나는 지난 여름 네가 했던 일을 알고 있다.)

10. Do you remember the place _____ _____ _____ first?
    [형용사절]
    (우리가 처음 만났던 곳을 기억 하세요?)

제2일 구와절(Phrase&Clause)

유형 주어진 문장의 주어에 원을 그리고 동사에 밑줄을 치시오. (11~15)

11. Tom realized that the experience helped him to see the world differently.
12. That seat belts save lives has been proven.
13. The reason I like him is that he is diligent.
14. One of the differences between him and his brother is character.
15. Whether it rains or not, I will go out.

유형 다음 문장에 틀린 부분을 바르게 고치시오. (16~20)

16. I don't know that she will help me.
    → _____.

17. He promised the prize to whomever made the best grades.
    → _____.

18. His staff is facing various problem.
    → _____.

19. Now, the theory is of not value any more.
    → _____.

20. Come back until 9o'clock.
    → _____.

제3일 관계대명사(Relative pronoun)

관계대명사는 두개의 문장을 하나로 연결해주는 접속사 역할을 하며 대부분의 긴 문장들은 관계대명사로 많이 연결되어 있다. 이것은 결혼한 신랑 신부가 살림을 합칠 때 각자가 똑같이 가지고 있던 중복된 물건을 간편한 살림살이를 위해 처분 한 후 살림을 합치는 것과 같은 원리로 생각하면 이해가 쉽게 될 수 있다.

01 관계대명사의 역할과 종류

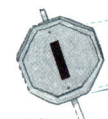 관계대명사의 역할

관계대명사는 두 문장을 이어주는 접속사 혹은 대명사의 역할을 한다. who, which, that, what의 사용은 선행사에 의해 결정되며, 주격, 목적격, 혹은 소유격관계 대명사로 구분된다.

(1) 형용사절을 이끄는 관계대명사 : who, whom, whose, which, that
(2) 명사절을 이끄는 관계대명사 : what, 복합관계대명사
(3) 부사절을 이끄는 관계대명사 : 복합관계대명사

제 3 일 관계대명사(Relative pronoun)

샘 안마디!!

관계대명사는 영문법의 4대 천왕(관계대명사, 분사 구문, 간접의문문, 관계부사)가운데서도 가장 중요한 문법이다. 4대 천왕은 그 중요성의 비중이 영문법 전체에서 **50%** 이상을 차지한다고 감히 말할 수 있다. 그 가운데서도 관계대명사는 분사구문과 함께 2대 천왕으로 압축 시킬 수 있는데 관계대명사를 모른다면 정확한 독해와 작문은 생각조차 할 수 없기 때문이다.

02 관계대명사 격

(1) 선행사가 사람 일 때 : who

① a. I have **a girlfriend**. (나는 여자 친구가 있다.)
　b. **She** is really bizarre. (그녀는 정말로 엽기적이다.)
　→ I have　a girlfriend　(**who**　is) really bizarre.
　　　　　　선행사　　　주.관.대(be동사와 함께 생략 가능)
　(나는 정말로 엽기적인 여자 친구가 있다.)
　　　* a girlfriend = she

② a. **Your boyfriend** called me. (너의 남자 친구가 나에게 전화를 했었다.)
　b. **He** didn't say his name. (그는 그의 이름을 말하지 않았다.)
　→ Your boyfriend　**who**　didn't say his name called to me.
　　　　선행사　　　주.관.대(=that)

(이름을 밝히지 않았던 너의 남자친구가 나에게 전화를 했었다.)
* Your boyfriend = He
* 관계대명사는 선행사 뒤에 따라온다.

(2) 선행사가 사물 혹은 동물일 때 : which
   a. Yesterday, I saw **a movie**.
   (나는 어제 영화를 보았다.)
   b. **It** was produced by the Walter Disney.
   (그것은 Walter Disney에서 제작되었다.)
   → Yesterday I saw a movie **which** was produced by the Walt Disney.
   　　　　　　　　　　선행사　 주.관.대(=that)
   (어제 나는 Walter Disney에서 제작된 영화를 보았다.)
   * a movie = It

(3) 선행사가 사람+동물일 때 : that
   a. We saw **a woman and a wolf**.
   (우리는 한 여자와 늑대 한 마리를 보았다.)
   b. **They** were dancing together.
   (그들은 함께 춤을 추고 있었다.)
   → We saw a woman and a wolf **that** were dancing together.
   　　　　　선행사(사람+동물)　　　　주.관.대
   (우리는 함께 춤을 추고 있던 한 여자와 늑대를 목격했다.)
   * a woman and a wolf = They
   * 선행사가 사람과 동물을 같이 쓸 때 주격 관계 대명사와 목적격 관계 대명사 **모두 that**을 사용한다.

보충 Tip 주격관계대명사는

① 생략이 불가능하다
② 그러나 be 동사와 함께는 생략 가능하고

③ that으로 바꾸어 쓸 수도 있다
④ 동사가 뒤따라온다.
⑤ 선행사가 사람+사물(동물)일 때 that만 쓸 수 있다.

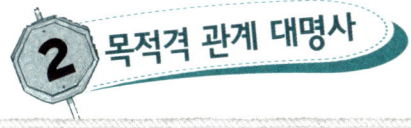
2 목적격 관계 대명사

(1) 선행사가 사람일 때 : whom

　a. He has **an attractive girlfriend**. (그는 매력적인 여자 친구가 있다.)

　b. He will marry **her**. (그는 그녀와 결혼을 할 것이다.)

　→ He has an attractive girlfriend (**whom**) he will marry.
　　　　　　　　　　선행사　　　　목.관.대(=that)

　(그는 결혼할 매력적인 여자 친구가 있다.)

　＊ an attractive girlfriend = her

(2) 선행사가 사물 혹은 동물일 때 : which

　a. He has **an old mobile phone**.

　　(그는 오래된 휴대폰을 가지고 있다.)

　b. I used **it** two years ago.

　　(나는 그것을 2년 전에 사용했다.)

The same mobile phone which...

　→ He has an old mobile phone (**which**) I used two years ago.
　　　　　　선행사　　　　　目.관.대(=that)

　(그는 내가 2년 전 사용했던 오래된 휴대폰을 가지고 있다.)

　＊ an old mobile phone = it

(3) 선행사가 사람+사물(동물)일 때 : that

　a. Have you ever seen **the man and his car**?

(당신은 그 남자와 그의 자동차를 본적이 있습니까?)

b. Police are looking for **them**.(경찰이 그들을 찾고 있는 중입니다.)

→ Do you know the man and his car (**that**) pokce are looking for?
　　　　　　　　선행사　　　　　　　　목.관.대

(당신은 경찰이 찾고 있는 그 남자와 그의 자동차를 본적이 있습니까?)

＊ the man and his car = them

보충 Tip) 목적격 관계대명사는

① 생략 가능하며
② that 으로 바꾸어 쓸 수 있고
③ 주어＋동사가 뒤 따라 온다.
④ 선행사가 사람＋사물(동물)일 때 that만 쓸 수 있다.

3 소유격 관계 대명사

(1) 선행사가 사람일 때 : whose

① a. Min Woo is **my tutor**. (민우는 나의 가정교사 이다.)

　 b. **His** age is same as me. (그의 나이는 나와 동갑이다.)

　　 → Min Woo is my tutor　whose age is same as me.
　　　　　　　　　　선행사　　　소.관.대

　 (민우는 나와 동갑내기인 나의 가정교사다.)

　　 ＊ my tutor = His

② a. Min Hee proposed a date to me.

　 (민희가 나에게 데이트를 신청했다.)

　 b. **Her** father is a policeman. (그녀의 아빠는 경찰관이다.)

제 3 일 관계대명사 (Relative pronoun)

→ Min Hee whose father is a policeman proposed a date to me.
　　선행사　　소.관.대

(아빠가 경찰관인 민희가 나에게 데이트를 신청했다.)

* Min Hee = Her

(2) **선행사가 동물 혹은 사물일 때** : 선행사가 사람 일 때와 똑같이 **whose**를 쓰며 of which로도 가능하다.

① a. My elder sister raises **a kitten**.
　　(나의 누나는 새끼 고양이를 기른다.)
　b. **Its** color is white. (그것의 색깔은 하얀색이다.)
　→ My elder sister raises a kitten **whose color** is white.
　　　　　　　　　　　선행사　　소.관.대
　(누나는 색깔이 흰색인 새끼 고양이를 기른다.)

* a kitten = Its

A kitten whose color is white

② a. Look at **the mountain**. (그 산을 보세요.)
　b. **Its** top is covered with snow. (그것의 정상은 눈으로 덮여 있습니다.)
　→ Look at the mountain **whose top** is covered with snow.
　　　　　　선행사　　　소.관.대
　(정상이 눈으로 덮여있는 그 산을 보세요.)

* mountain = its

③ a. Look at **the mountain**. (그 산을 보세요.)
　b. The top of **the mountain** is covered with snow.
　→ Look at the mountain the top **of which** is covered with snow.
　　　　　　선행사　　　　　　소.관.대
　= Look at the mountain **whose top** is covered with snow.
　(정상이 눈으로 덮여있는 그 산을 보세요.)

* whose top = the top of which

(3) 선행사가 사람+동물 일 때 : whose

a. There are **a girl and her puppy**.
(한 소녀와 그녀의 강아지가 있다.)

b. **Their** birthday is the fifth of May.
(그들의 생일은 5월 5일이다.)

A girl and her puppy

→ There are <u>a girl and her puppy</u> <u>whose</u> birthday is the fifth of May.
　　　　　　선행사　　　　　　소.관.대

(생일이 5월 5일인 한 소녀와 그녀의 강아지가 있다.)

* a girl and her puppy = Their

보충 Tip 소유격 관계대명사는

① 생략 불가능하며
② that으로 바꾸어 쓸 수 없고
③ 명사가 뒤 따라 온다.
④ 선행사가 사람+사물(동물)일 때도 whose만 쓸 수 있다.

03 관계대명사 That과 What

1 관계대명사 That의 특별용법

선행사가 「사람+동물」, 의문대명사, the very, the only, the same, 최상급, 서수, all, every, no, 등이 올 때는 관계대명사 that을 사용해야만 한다.

제 3 일 관계대명사(Relative pronoun)

(1) 사람+사물

A child and a dog that were hungry were sleeping in the corner.
(배가 고팠던 한 어린이와 개 한 마리가 그 모퉁이에서 잠들어 있었다.)

* 선행사는 문두(文頭)에 나올 수도 있으며 선행사가 **사람**과 **사물**일 경우 관계대명사는 that을 쓴다.
* 위 문장은 **A child and a dog** were sleeping at the corner.와 **They** were hungry.를 연결한 문장이다.

(2) 의문대명사 who가 있는 문장의 경우

Who is she **that** is looking at you? (너를 보고 있는 그녀는 누구냐?)
cf. **Who** is she **who** is looking at you? (×)

(3) 선행사에 the only가 있을 경우

He is **the only** man **that** survived at the battle.
(그는 그 전투에서 살아남은 유일한 사람이다.)

(4) 선행사에 the very(=바로 그)가 있을 경우

She was **the very** girl **that** was my partner at the first meeting.
(그녀는 첫 미팅에서 나의 파트너였던 바로 그 소녀다.)

(5) 선행사에 the same이 있을 경우

I have **the same** dictionary **that** they have.
(나는 그들이 가지고 있는 똑같은 사전을 가지고 있다.)

(6) 선행사가 최상급인 경우

He is **the most** handsome boy **that** she has ever seen.
(그는 그녀가 여태껏 보았던 가장 멋진 소년이다.)

(7) 선행사가 서수일 경우

Min Ji is **the first** girl **that** I liked

(민지는 내가 좋아했던 첫 번째 소녀이다.)

(8) 선행사에 every가 있을 경우

Everybody **that** goes to church looks happy.

(교회에 가는 모든 사람들은 행복해 보인다.)

* every는 단수 취급

Everybody that goes to church looks happy.

2 관계대명사 what

관계대명사 what은 선행사를 포함하며, what은 the thing which 혹은 all that으로 바꾸어 사용할 수 있다.

(1) what = the thing which

　a. She wanted **the thing**. (그녀는 그것을 원했다.)

　b. I wanted **the same thing**, too. (나도 역시 같은 것을 원했다.)

　→ She wanted **the thing** **which** I wanted, too.
　　　　　　　　선행사　　　목.관.대

　= She wanted **what** I wanted, too.

　(그녀는 내가 역시 원했던 것을 원했다.)

　* the thing which = what (~하는 것)

(2) what = all that

　a. He has **all**. (그는 모든 것을 가지고 있다.)

　b. I need **it**. (나는 그것을 필요로 한다.)

He has what I need.

제 3 일 관계대명사(Relative pronoun)

→ He has **all** **that** I need.
　　　　선행사　목.관.대

= He has **what** I need.

(그는 내가 필요로 하는 모든 것을 가지고 있다.)

* all = it
* all that = what (~하는 모든 것)

보충 Tip 유사관계대명사 : as, but, than

1. as, so, the same, such를 포함한 선행사가 있을 경우,
   유사관계대명사 **as**를 사용하며 다른 관계대명사와 똑같이
   '~하는' 혹은 '~인'으로 해석한다.
   ① She entertained **as** many guests **as** came to the party. : 주격 관계대명사
   　(그녀는 파티에 왔던 많은 손님들을 즐겁게 해주었다)
   ② She is **such** a lovely girl **as** everyone likes. : 목적격 관계대명사
   　(그녀는 모든 사람이 좋아하는 매우 사랑스런 소녀이다.)

2. 선행사에 부정어구 no, not, never, few, little 등이 있을 때 유사관계대명사 **but**을 사용하며 '~하지 않는'으로 해석한다.
   There are few people **but** make mistake. : 주격 관계대명사
   (실수 하지 않는 사람은 거의 없다.)

3. 선행사에 비교급이 있을 때 유사관계대명사 **than**을 사용하며 '~하는 것 보다'로 해석한다.
   He has more money **than** I have. : 목적격 관계대명사
   (그는 내가 가지고 있는 것 보다 더 많은 돈을 가지고 있다.)

쌤 안마디!!

소유격 관계대명사를 제외한 모든 관계대명사는 that으로 바꿔 쓸 수 있다.
그러므로 **that**을 다양하게 활용하도록 하자.

04 관계대명사의 용법

(1) 제한적 용법 : 관계대명사가 이끄는 형용사 절이 선행사를 수식한다.
   I have a bizarre girlfriend **whom** I like.
   (나는 내가 좋아하는 엽기적인 여자 친구가 있다.)

(2) 계속적 용법 : 관계대명사가 이끄는 형용사 절이 선행사를 보충, 설명한다.
   ① I have a bizarre girlfriend, **whom** I like.
      = I have a bizarre girlfriend, **but** I like her.
         (나는 엽기적인 여자 친구가 있다. **그러나** 나는 그녀를 좋아한다.)
         * 계속적 용법에서는 목적격 관계대명사(whom)일지라도 생략할 수 없다.
         * 관계대명사의 계속적 용법에서 콤마는 문맥에 맞게 적절한 접속사로 해석한다.
   ② He had two sons, **who** became soldiers.
      = He had two sons, **and** they became soldiers.
         (그는 아들이 두 명 있다. **그런데** 그들은 군인이 되었다.)
   ③ I don't like the boy, **who** tells a lie.
      = I don't like the boy, **because** he tells a lie.
         (나는 그 소년을 좋아하지 않는다. **왜냐하면** 그는 거짓말을 하기 때문이다.)

보충 Tip 관계대명사 that

관계대명사 that은 계속적 용법에서 사용할 수 없다.
Ex. I don't like the boy, **that** tells a lie. (×)
    I don't like the boy **that** tells a lie. (○)

05 복합관계대명사

복합관계대명사는 관계대명사에 -ever를 붙인 형태를 가지며 선행사를 포함하는 관계대명사이다. 명사절을 이끄는 명사적 용법과 부사절을 이끄는 부사적 용법으로 사용된다.

용법 종류	명사적 용법	부사적 용법
whoever	anyone who~ (~하는 누구나)	no matter who~ (누가 ~하더라도)
whomever	anyone whom~ (~하는 누구를(에게))	no matter whom~ (누구를(에게) ~하더라도)
whichever	anything that~ (~하는 어느 것이나)	no matter which~ (어느 것을 ~하더라도)
whatever	anything that~ (~하는 무엇이나~)	no matter what~ (무엇을 ~하더라도)

① whoever(~하는 누구나)

Whoever comes, will be welcomed.
(오는 사람 누구나 환영 받을 것이다.)

　* whoever = anyone who

② whomever(~하는 누구든지 에게)

Give this flower **whomever** you want to give.
(당신이 주기를 원하는 누구든지 에게 이 꽃을 주세요.)

　* whomever = anyone whom

③ whatever(~하는 무엇이나), whichever(~하는 어느 것이나)

Our parents believe **whatever**(=whichever) I say.
(우리 부모님은 내가 말하는 모든 것을 믿으신다.)

 * whichever = whatever = anything that

① whoever(누가 ~하든지)

Whoever may become your partner, you should be kind to her.
(누가 너의 파트너가 되던지, 너는 그녀에게 친절해야만 한다.)

② whichever (어느 것을 ~하든지)

It has the same results **whichever** you try.
(네가 어떤 것을 시도해도, 결과는 같다.)

③ whatever (무엇을 ~하든지)

Whatever I suggest, she always agrees with me.
(내가 무엇을 제안하든지, 그녀는 항상 나에게 동의한다.)

(보충 Tip) whoever와 whomever

whoever + 동사
whomever + 주어 + 동사

Whoever may become your partner...

제 3 일 관계대명사(Relative pronoun)

06 접속사 that과 관계대명사 that의 비교

관계대명사 that 뒤에는 주어 혹은 목적어가 생략되어 있다.

① Hee Sun is <u>the girl</u> <u>that</u> I have ever met once. (목적어 생략)
　　　　　　선행사　관계대명사

(희선이는 내가 한번 만난 적이 있는 소녀다.)

관계대명사와는 달리 접속사 that 뒤에는 완전한 문장이 온다. 접속사 that은 주절과 종속절을 **연결 시켜주는 다리**와 같은 역할을 하며 생략 할 수도 있다.

① He says (**that**) she is attractive.
　　　　　접속사(~라고)

(그는 그녀가 매력적이라고 말한다.)

② I know (**that**) she is a golf player.
　　　　　접속사(~라는 것)

(나는 그녀가 골프 선수라는 것을 안다.)

③ He was so hungry (**that**) he could not sleep.
　　　　　　　　접속사(~그러므로)
(그는 너무 배가 고파 잠을 잘 수 없었다.)

보충 Tip so~that+주어 can not=too~ to

Ex. He was so hungry (**that**) he could not sleep.
　 = He was **too** hungry **to** sleep.

3일 확인 문제

관계대명사(Relative pronoun)

문제 어법에 맞는 표현을 고르시오.

1. The woman (who, whom) lives next door is a singer.
2. Orphans are children (whose, whom) parents are dead.
3. I talked to a man (who, whose) brother knows you.
4. The people (whom, whose) I met at the party were very friendly.
5. I met her to (who, whom) I spoke on the phone.
6. Did you hear (which, what) they said?
7. She showed me CDs which (was, were) made in China.
8. Nobody (who, that) has common sense doesn't do so.
9. (Whoever, Whomever) you meet, you make them happy.
10. Daniel is the only American (that, whom) I know.

문제 밑줄 친 부분을 바르게 고치시오.

1. This is a digital camera, that I lost last week.
2. I raise a puppy which name is Jjang.
3. I helped an old woman whom is living nearby our house.
4. The girl whom reads poems everyday is very emotional.
5. I have a friend of mine whom father is a pilot.
6. The man who I wanted to see was not there.
7. He is the fastest man in the world who won the gold medal in the Olympics.
8. Who is the man whom your sister is talking to?
9. She is the very girl who has her own motorbike.
10. Whoever you love, don't conceal your mind.

문제 H 괄호안의 용법을 이용하여 영어로 작문하시오.

1. 이 대학은 나의 아빠가 졸업하신 바로 그 대학이다. (목적격 관계대명사)
   → _____.

2. 나는 그녀의 아들이 유괴를 당한 어떤 엄마를 알고 있다. (소유격 관계대명사)
   → _____.

3. 당신이 감추고 있는 모든 것들을 말하시오. (목적격 관계대명사)
   → _____.

4. 당신을 도와주었던 그녀는 누구입니까? (주격 관계대명사)
   → _____.

5. 내가 누구를 사랑할지라도 나의 부모님들은 나의 선택을 존중하실 것이다. (복합 관계대명사)
   → _____.

3일 실전 문제

― 관계대명사(Relative pronoun)

유형 관계대명사를 이용하여 한 문장으로 만드시오. (1~5)

1. A lady phoned to you. She didn't say her name. (주.관.대.)
   → _____.
   (그녀의 이름을 밝히지 않았던 어떤 숙녀가 당신에게 전화를 했어요.)

2. This is the medal. My father is proud of it. (목.관.대.)
   → _____.
   (이것은 아빠가 자랑스러워하시는 메달이다.)

3. She raises a Persian cat. Its eyes are brown.. (소.관.대.)
   → _____.
   (그녀는 눈이 갈색인 페르시안 고양이를 기른다.)

제 3 일 관계대명사(Relative pronoun)

4. It is the only poem. I can memorize it. (목.관.대.)
   ➜ _____.
   (그것은 내가 유일하게 암송할 수 있는 시다.)
5. She is my girlfriend. I will marry her. (목.관.대.)
   ➜ _____.
   (그녀는 내가 결혼 할 여자 친구입니다.)

유형 밑줄 친 부분에 알맞은 관계대명사를 적으시오. (6~10)

6. He has the same book _____ I have.
   (그는 내가 가지고 있는 똑 같은 책을 가지고 있다.)
7. _____ he said was true.
   (그가 말했던 것은 진짜였다.)
8. Who is the boy _____ is standing by her?
   (그녀 옆에 서있는 그 소년은 누구 입니까?)
9. He has a son _____ name is Joey.
   (그는 이름이 Joey인 아들이 있다.)
10. There are many children _____ are playing on the ground.
    (운동장에서 놀고 있는 많은 어린이들이 있다.)

유형 보기와 같이 주어진 문장을 두 문장으로 나누시오. (11~ 16)

[보기] I thinked her who gave me directions to the city hall.
      → I thanked her. / She gave me directions to the city hall.

11. He has the same book that I have.
    (그는 내가 가지고 있는 똑 같은 책을 가지고 있다.)
    ➜ _____.
12. What he said was true.
    (그가 말했던 것은 진짜였다.)
    ➜ _____.

13. Who is the boy that is standing by her?
    (그녀 옆에 서있는 그 소년은 누구 입니까?)
    → _____.

14. He has a son whose name is Joey.
    (그는 이름이 Joey인 아들이 있다.)
    → _____.

15. There are many children who are playing on the ground.
    (운동장에서 놀고 있는 많은 어린이들이 있다.)
    → _____.

16. The girl whom you talked to is my sister.
    (당신이 이야기 했던 그 소녀는 내 여동생이다.)
    → _____.

유형 빈칸에 적절한 단어를 넣으시오. (17~20)

17. _____ you may do, you can do it well.
    (네가 무엇을 하든, 넌 그것을 잘 할 수 있다.)

18. _____ you may see on the way, do not speak to them.
    (도중에 누구를 만난다 할지라도, 그들에게 말을 걸지 마시오.)

19. Give it to _____ wants it.
    (그것을 원하는 누구든지 에게 그것을 주어라.)

20. We were so sad _____ we couldn't sing any longer.
    (우리는 너무 슬퍼서 더 이상 노래 할 수 없었다.)

유형 빈칸에 알맞은 전치사를 넣으시오. (21~23)

21. This is the middle school _____ which I graduated.
22. 2002 was the year _____ which the World Cup was held in Korea.
23. The scientist is researching about rice _____ which we live.

제 3 일 관계대명사(Relative pronoun)

 유형 다음 문장에서 밑줄 친 부분을 바르게 고치시오. (24~30)

24. He is the greatest author whom we remember.
25. This is the coin, that was made in 1890.
26. The celebrity whom shook hands with me was an opera singer.
27. The thing what happened yesterday was my fault.
28. She loves Yong Jun whom I know is studying in England.
29. I have an e-mail which were written in English.
30. You may invite whoever you like.

1일 ~ 3일 누적테스트

유형 빈칸에 알맞은 단어를 고르시오. (1~3)

1. Would you buy the MP3 player _____ me?
   ① for   ② to   ③ of   ④ with
2. My father taught whistling _____ me.
   ① for   ② to   ③ of   ④ with
3. He looks so _____ .
   ① bravely   ② braveness   ③ brave   ④ bravery

유형 다음 두 문장을 같은 의미로 만드시오. (4~6)

4. They looked like defeated soldiers.
   =They _____ _____ be defeated soldiers.
   ① seemed as   ② seemed like   ③ seemed so   ④ seemed to
5. He is a wise teacher.
   =He is a teacher _____ wisdom.
   ① of   ② in   ③ with   ④ on

6. The spy contacted with the general purposely.
   = The spy contacted with the general _____ purpose.
   ① of　　　　② in　　　　③ with　　　　④ on

유형 다음 중 틀린 문장을 고르시오. (7~10)

7. ① She looks like a model.
   ② He seems a teacher.
   ③ The girl looked shy.
   ④ You seem to be a doctor.

8. ① This is the biggest doll that she made.
   ② The boy whom you talked with is my brother.
   ③ I have a friend whose father is a policeman.
   ④ He is the first man who was rescued from the fire.

9. ① May I ask a favour of you?
   ② She bought a mp3 player for him.
   ③ I gave a book for him.
   ④ He made a ring for her.

10. ① I believe her religious.
    ② He calls me Jjang.
    ③ We saw her run away.
    ④ Her parents made her to become a pianist.

유형 다음 중 틀린 부분을 고르시오. (11~15)

11. ① As soon as she heard his son ② to cry, she ③ ran to him ④ fast.
12. Alexander Graham Bell is ① best ② known as the inventor ③ of the telephone, ④ that he developed in 1876.
13. ① According as the world history, the king ② made the war ③ happened ④ on purpose.

제 3 일 관계대명사(Relative pronoun)

14. A boy ① whose you ② must meet right away is Joey, ③ the best mathematics student ④ in our dormitory.

15. ① Most of women are looking for spouses ② who ③ is ④ of ability.

유형 빈칸에 들어갈 알맞은 말을 고르시오. (16~20)

16. The officer of the government had him _____.
    ① banish   ② banishing   ③ to banish   ④ banished

17. My father bought a necklace _____ my mother.
    ① for   ② to   ③ of   ④ with

18. I know a girl _____ mother is an actress.
    ① whose   ② who   ③ whom   ④ that

19. She is the prettiest girl _____ I know.
    ① whose   ② who   ③ whom   ④ that

20. Mr Kim married _____.
    ① with Miss Park ② to Miss Park   ③ by Miss Park   ④ Miss Park

65

제4일 관계 부사 (Relative Adverb)

> 관계부사는 두개의 문장을 연결하는 관계대명사와 유사한 역할을 한다. 관계대명사와 사촌지간이며 「전치사+which」를 축약한 것이다.

01 관계부사의 종류

관계부사는 전치사+which를 축약한 것이며 관계대명사와 비슷한 의미로 해석된다.

용법	선행사	관계부사	전치사+관계대명사
장소	the place	where	at, on, in + which
때	the time	when	at, on, in + which
이유	the reason	why	for which
방법	(the way)	how	in which

(1) 선행사가 "장소"일 때 관계 부사 : where

  a. He has lived in **Seoul**. (그는 서울에서 살아오고 있다.)

  b. He was born in **the city**. (그는 그 도시에서 태어났다.)

  * Seoul = the city

→ He has lived in Seoul **which** he was born **in**.
                   선행사   목.관.대

  = He has lived in Seoul **in which** he was born.

  = He has lived in Seoul **where** he was born.
                       선행사(장소) 관계부사

(그는 태어났던 서울에서 살아오고 있다.)

    * 관계대명사 앞의 전치사는 문장 끝에서 가져 온 것이므로 해석상의 차이가 없다.

제 4 일 관계부사(Relative Adverb)

보충 Tip 관계부사 where

① 선행사가 '장소'일 때 '전치사+which'는 관계부사 where로 바꿔 쓸 수 있다.
② 관계부사 where는 that으로 바꿔 쓸 수 있다.

Ex. He has lived in Seoul **that** he was born **in**. (○) ·········(관계대명사 **that**)
He has lived in Seoul **which** he was born **in**. (○)
He has lived in Seoul **in which** he was born. (○)
He has lived in Seoul **where** he was born. (○)
He has lived in Seoul **that** he was born. (○) ·········(관계부사 **that**)
He has lived in Seoul **in that** he was born. (×) ·········(관계대명사 **that**)

(2) 선행사가 "때"를 나타 낼 때 관계부사 : when

   a. He was engaged to her in **2005**.

      (그는 2005년에 그녀와 약혼했다.)

      * be engaged to : ~와 약혼하다
      * engagement ring : 약혼반지

   b. He met her in **the year**.

      (그는 그 해에 그녀를 만났다.)

    → He was engaged to her in 2005   **which** he met her **in**.
                                      선행사　　목.관.대

     = He was engaged to her in 2005 **in which** he met her.

     = He was engaged to her in 2005   **when** he met her.
                                   선행사(때) 관계부사

     (그는 그녀를 만났던 2005 년에 그녀와 약혼을 했다.)

     * 2005 = the year

보충 Tip 관계부사 when

① 선행사가 '때'를 나타낼 때 '전치사+which'는 관계부사 when으로 바꿔 쓸 수 있다.
② 관계부사 when은 that으로 바꿔 쓸 수도 있다.

Ex. He was engaged to her in 2005 **that** he met her first **in**. (○) ········(관계대명사 **that**)
He was engaged to her in 2005 **which** he met her first **in**. (○)
He was engaged to her in 2005 **in which** he met her first. (○)
He was engaged to her in 2005 **when** he met her first. (○)
He was engaged to her in 2005 **that** he met her first. (○) ········(관계부사 **that**)
He was engaged to her in 2005 **in that** he met her first. (×) ········(관계대명사 **that**)

(3) 선행사가 "이유"일 때 관계부사 : why

  a. She can't understand **the reason**.
    (그녀는 그 이유를 알 수 없다.)
  b. People eat dogs for some **reasons**.
    (사람들은 어떤 이유들 때문에 개를 먹는다.)
    →She can't understand the reasons **which** people eat dogs **for**.
                                선행사   목.관.대
    =She can't understand the reasons **for which** people eat dogs.
      =She can't understand the reasons **why** people eat dogs.
                                선행사(이유)   관계부사
    (그녀는 사람들이 개고기를 먹는 이유들을 이해 할 수 없다.)
      * 관계부사why = for which

(4) 선행사가 "방법"일 때 관계부사 : how

  a. We don't know **the way**.
    (우리는 그 방법을 모른다.)
  b. He attracted her in **a way**.
    (그는 그녀를 어떤 방법으로 사로잡았다.)
    →We don't know the way **which** he attracted her **in**.
    =We don't know the way **in which** he attracted her.
    =We don't know (the way)(**how**) he attracted her.
                * the way와 how는 둘 중 하나만 사용한다.
    (우리는 그가 그녀를 사로잡았던 방법을 모른다.)

제 4 일 관계부사(Relative Adverb)

보충 Tip 관계부사 how

① 관계부사 how는 다른 관계부사와는 달리 선행사 the way와 함께 쓸 수 없다.
② 관계부사 how대신 that을 사용할 경우 the way와 that은 함께 사용할 수 있다.

Ex. We don't know the way **which** he attracted her **in**. (○)
We don't know the way **in which** he attracted her. (○)
We don't know **the way how** he attracted her. (×)
We don't know the way **that** he attracted her. (○)

샘 안마디!!

관계부사 that
관계부사 where, when, why, how는 관계부사 that으로 바꿔 쓸 수 있으며 생략 가능하다. 소유격 관계대명사(whose)를 제외한 모든 관계대명사를 that으로 바꿔 쓸 수 있는 것과 연관시켜 기억 해두자.

02 관계부사의 용법

(1) 제한적 용법(모든 관계부사)

① The 10th of every month is the eating-out day **when** my dad gets his salary.
(매월 10일은 우리 아빠가 월급을 받는 외식하는 날이다.)
② Incheon is a port city **where** I lived three years ago.
(인천은 내가 삼년 전에 살았던 항구도시이다.)

(2) 계속적 용법(when, where만 가능)

① The 10th of every month is the eating-out day, **when** my dad gets his salary.
= The 10th of every month is the eating-out day, **because then** my dad gets his

salary.
(매월 10일은 외식하는 날이다, **왜냐하면** 그날 우리 아빠가 봉급을 받으신다.)

② Incheon is a port city, **where** I lived three years ago.
= Incheon is a port city, **and there** I lived three years ago.
(인천은 항구도시이다. 그런데 나는 3년 전에 그곳에서 살았다.)

The eating-out day when my dad gets his salary

03 복합관계 부사 : 관계부사 + ever

용법 종류	명사적 용법	부사적 용법
wherever	at any place where ~하는 곳 마다	no matter where 어느 곳에 ~하더라도
whenever	at any time when ~할 때 마다	no matter when 언제 ~하더라도
however		no matter how 아무리 ~하더라도

(1) Wherever(~하는 곳 마다)

We took pictures **wherever** we went.
= We took pictures **at any place where** we went.
(우리는 가는 곳마다 사진을 찍었다.)

* wherever = at any place where

(2) Whenever(~할 때 마다)

The line was busy **whenever** I called you.
= The line was busy **at any time when** I called you.

We took pictures wherever we went.

제 4 일 관계부사(Relative Adverb)

(내가 너에게 전화 할 때 마다 통화 중 이었다.)

　　* whenever = at any anytime when

(3) However(아무리 ~하더라도)

　　However sad he is, he never weeps.

　= **No matter how** sad he is, he never weeps.

　　(그는 아무리 슬퍼도 결코 눈물을 흘리지 않는다.)

　　* however = no matter how

보충 Tip 복합 관계부사 however 문장의 어순

* however + 형용사 + 주어 + 동사

Ex. However **cold** it is, he always goes swimming.

　　However **hungry** you are, we should eat slowly.

샘 안마디!!

관계부사의 계속적 용법에서

① 콤마(comma)는 적절한 접속사로 해석한다.
② 해석은 앞에서부터 차례대로 한다.
③ 계속적용법이나 제한적 용법이나 해석상의 큰 차이는 없으므로 부담을 가질 필요가 없다.

4일 확인 문제

— 관계 부사(Relative Adverb)

문제 어법에 맞는 표현을 고르시오.

1. This is the city (which, where) my grandfather was born in.
2. I remember the day (which, when) I saw you first.
3. Tell me the reason (how, why) you don't like me.
4. Do you know the way (how, in which) he solved the question?
5. What is the way (how, that) you can speak English well?
6. Do you remember the day (when, which) the party will be held?
7. This is the school (which, where) my mother graduated from.
8. Tell me the reason (which, why) I should learn English for.
9. He was living in Canada (where, which) I met him.
10. Our family will go to Je Ju Island (that, which) we'll stay for a week.

문제 밑줄 친 부분을 바르게 고치시오.

1. My grandmother gets lost whoever she goes.
2. He looks happy whoever I meet him.
3. Whenever you will study hard, your health is the most important.
4. The house which she lives is beautiful.
5. I remember the day when the 2002 Soccer World Cup was held in.
6. I remember the day which the 2002 Soccer World Cup was held.
7. Do you know the reason which she dislikes me?
8. What is the way how he could master English?
9. Do you know the reason why he didn't come back for?
10. I forgot the day when my brother got the accident on.

제 4 일 관계 부사(Relative Adverb)

문제 관계부사 혹은 복합 관계부사를 이용하여 영어로 작문하시오.

1. 당신은 우리가 처음만난 그날을 기억 합니까?
2. 이곳은 우리가 사과나무 한그루를 심었던 곳이다.
3. 당신이 그녀를 싫어하는 이유를 나에게 말해주세요.
4. 당신이 가고 싶어 하는 어느 곳이던지 당신은 갈 수 있다.
5. 당신이 아무리 어려도 그 문제에 관해 책임을 져야만 한다.

4일 실전 문제

―관계 부사(Relative Adverb)

유형 관계부사를 이용하여 한 문장으로 만드시오. (1~4)

1. This is the house. We had lived in the house.
   → _____.

2. The time was earlier than our expectation. We arrived at that time.
   → _____.

3. She doesn't know the way. He passed in the exam in that way.
   → _____.

4. Do you know the reason? She dislikes you for a reason.
   → _____.

유형 밑줄 친 부분에 알맞은 관계부사를 적으시오. (5~8)

5. Autumn is the season _____ I write poems.
   (가을은 내가 시를 쓰는 계절이다.)

6. This is the room _____ I was born.
   (이곳은 내가 태어났던 방이다.)

7. March is the month _____ we meet new friends.
   (3월은 우리가 새 친구를 만나는 달이다.)

73

8. He doesn't know the reason _____ we like him.
(그는 우리가 그를 좋아하는 이유를 모른다.)

유형 다음 ( )속의 적절한 관계대명사나 관계부사를 고르시오. (9~17)

9. The village (which, where) he lived in was small.
(그가 살았던 그 마을은 작다.)

10. I don't know the time (which, when) the accident happened.
(나는 그 사건이 발생한 시간을 알 수 없다.)

11. The doctor went to India, (which, where) he stayed for a month.
(그 의사는 인도에 갔다 그리고 그곳에서 한 달 동안 머물렀다.)

12. Do you know the country (which, where) Shakespeare was born?
(셰익스피어가 태어났던 그 나라를 아세요?)

13. Sunday is the day (which, when) I go to church in.
(일요일은 내가 교회 가는 날이다.)

14. The house (which, where) she lived in was not large.
(그녀가 살았던 그 집은 크지 않았다.)

15. Do you know the reason (which, why) we like you for.
(우리가 당신을 좋아하는 이유를 아세요?)

16. The husband knew the reason (which, why) his wife was weeping for.
(그 남편은 그의 아내가 눈물을 흘리고 있었던 이유를 알았다.)

17. We want to know the way (which, that) he made it.
(우리는 그가 그것을 어떻게 만들었는지 알고 싶다.)

유형 빈칸에 적절한 복합관계부사를 적으시오. (18~20)

18. He is welcomed, _____ he goes.
(그는 가는 곳마다 환영받는다.)

19. _____ hard you may try, you will not be able to beat me.
(네가 아무리 열심히 노력해도 나를 이길 수는 없어.)

20. _____ I meet him, I think of his elder brother.
(나는 그를 만날 때마다 그의 형을 생각한다.)

제5일 분사와 분사 구문(Participle & Participial Construction)

- 분사는 동사와 형용사의 성질을 갖고 있다. 분사에는 동사원형에 -ing를 붙인 현재분사와 동사원형에 -ed를 붙인 과거분사가 있다. 이 때 현재분사는 능동과 진행의 의미를 가지며 과거분사는 수동과 완료의 의미를 가진다. 분사구문은 「접속사+주어+동사」를 '동사원형+-ing' 형태로 축약한 것이며 부사구 역할을 한다.

01 분사의 종류와 용법

종류 \ 용법	분사의 용법	
	동사의 용법	형용사의 용법
현재분사 〈동사원형+ ing〉	진행형의 현재분사 ① They <u>are kissing</u> now. (그들은 지금 키스중 이다.) ＊현재분사는 be동사와 결합하여 진행형이 된다	① I took a picture of their **kissing** scene. (나는 그들의 키스하는 장면을 사진 찍었다.) ② A **rolling** stone gathers no moss. (구르는 돌에는 이끼가 끼지 않는다.) ＊현재분사는(~하는)이 의미로 해석된다.
과거분사 〈동사원형+ed〉	(1) 수동태의 과거분사 Our classroom <u>is **cleaned**</u> by us. (우리교실은 우리들에 의해 청소되어진다.) (2) 완료형의 과거분사 We <u>have **cleaned**</u> our classroom everyday. (우리는 매일 우리 교실을 청소해 오고 있다.) ＊과거분사는 have(has)동사와 결합하여 완료형이 된다.	① Look at the **fallen** leaves. (떨어진 나뭇잎들을 보아라) ② The most **shocked** person by the news was just me. (그 소식으로 가장 **충격을** 받은 사람은 바로 나였다.) ③ She looked **worried** as she read the letter from him. (그녀는 그에게서 온 편지를 읽으면서 걱정스러운 표정이었다.) ＊과거분사는(~당한) (~되어진) 등으로 해석 한다.

샘 한마디!!

분사구문은 동명사와 구분하여 이해해야만 하는 **영문법의 4대 천왕**(관계대명사, 분사구문, 간접의문문, 관계부사)가운데 하나이며 관계 대명사와 함께 **2대 천왕**으로 분류될 수 있을 정도로 중요한 문법이다.

02 분사 구문

5가지 용법이 있지만 부대상황(~하면서,~한 채)의 뜻으로 가장 많이 사용 되며 시간을 다투는 독해시험에서 대부분 부대상황으로 해석을 해도 큰 무리는 없을듯하나 다른 용법을 주의 깊게 한번쯤 살펴볼 필요가 있다.

용법	의미
부대상황	(두 가지 동작을 동시에 하는 것을 의미) : ~하면서 (as)로 해석
때	~때(when), ~하자마자 곧(as soon as), ~전에(before), ~후에(after) ~하는 동안(while) 등으로 해석
이유	때문에(because)로 해석
조건	만약~라면(if)로 해석
양보	~일지라도(though, although)로 해석

보충 Tip 일반 문장을 분사구문으로 만드는 방법

① 접속사를 없앤다.
② 부사절의 주어를 없앤다.
③ 부사절 동사를 ~ing형으로 바꾼다.

제 5 일 분사와 분사 구문 (Participle&Participial Construction)

Ex. **When she came** back home, she was so tired. (일반문장)
→ **Coming** back home, she was so tired. (분사 구문)

(1) **부대상황** : ~한 채, ~하면서(=as) : 분사구문에서 가장 많이 쓰이는 용법이다.
  ① 현재분사 구문의 부대상황
     He whistled, **following her**. (분사 구문)
       주문(主文)   현재분사 구문
     = He whistled **as he followed her**. (일반 문장)
     (그는 그녀를 뒤따라가면서 휘파람을 불었다.)
     * 분사구문의 시제는 주문에 의해 결정된다.
  ② 과거분사 구문의 부대상황 : 수동태 문장의 분사구문을 말한다.
     (Being) killed in the war, he shouted his son's name.
         과거 분사 구문   주문(主文)
     = **As he was killed** in the war, he shouted his son's name.
     (그가 전쟁에서 죽음을 당하면서 그의 아들의 이름을 외쳤다.)

He whistled, following her.

샘 안마디!!

과거분사 구문(~되어 진 채, ~당한 채)은 「**being** + 과거분사」의 형태이며 **being**을 생략하는 경우가 많다.

(2) **때** : ~때(when), ~하자마자(as soon as), ~전에(before), ~후에(after)등 으로 해석 되는데 앞뒤 문맥에 따라 적절한 접속사로 해석 된다
  The thief ran away, **seeing me**.
     주문   분사 구문
  = The thief ran away **when he saw me**.
  (그 도둑은 나를 보았을 때 도망쳤다.)
  = The thief ran away **as soon as he saw me**.
  (그 도둑은 나를 보자마자 도망쳤다.)

(3) 이유 : ~때문에(because)

① **Feeling** angry, he did not speak at all.
   현재분사 구문   주문

= **Because he felt** angry, he did not speak at all.

(그는 화가 나 있었기 때문에 아무런 말도 하지 않았다.)

② **(Being) sad** to hear the story, she wept.
   현재분사 구문   주문

= **Because she was sad** to hear the story, she wept.

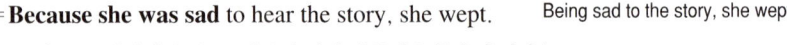
Being sad to the story, she wept.

(그녀는 그 이야기를 듣고, 너무 슬펐기 때문에 눈물을 흘렸다.)

* 현재 분사구문에서도 **being**은 생략 가능

③ **(Being) painted** white, the house looks tidy.
   과거분사 구문   주문

= **Because it is painted** white, the house looks tidy.

(그 집은 흰 페인트로 칠되어져 있기 때문에 깨끗해 보인다.)

(4) 조건 : ~라면(= if)

Turning to the right, you will find the building.
   현재 분사 구문   주문

= **If you turn** to the right, you'll find the building.

(당신이 오른쪽으로 돌면 당신은 그 건물을 발견할 것이다.)

* 분사구문의 조건적 용법은 가정법 문장과 같은 뜻이 된다.

(5) 양보 : ~일지라도(= though)

Living on the seashore, he does not swim.
   현재 분사 구문   주문

= **Though he lives** on the seashore, he does not swim.

(그는 바닷가에 살지라도 수영을 하지 않는다.)

제 5 일 분사와 분사 구문(Participle&Participial Construction)

샘 한마디!!

분사구문의 다섯 가지 용법이 정확하게 기억나지 않을 때 **부대상황(~하면서, ~한 채)으로** 해석하면 대략적인 해석이 가능하다.

with를 사용하여 부대상황의 분사구문을 만들 수 있다.

(1) with+목적어+~ing(현재분사) : ~한 채

She was sitting **with** her finger **pointing** at me .
(그녀는 손가락으로 나를 가리킨 채 앉아 있었다.)

(2) with+목적어+~ed(과거분사) : ~되어 진 채

The twin brothers were born **with** their hips **joined**.
(그 쌍둥이 형제는 엉덩이가 붙은 채 태어났다.)

(3) with+목적어+형용사 : ~한 채

Look at me **with** your eyes **open**.
(눈을 뜨고 날 쳐다봐.)

They were born with their hips joined.

(4) with+목적어+부사구 : ~한 채

Hee Jin said good-bye **with** tears **in her eyes**.
(희진이는 눈에 눈물을 머금은 채로 작별을 고했다.)

샘 안마디!!

with 분사 구문은 실용영어 문장에서 매우 빈번하게 사용되므로 반드시 기억 해야만 한다.

3 주의해야 할 분사 구문

(1) 분사 구문과 주문의 주어가 다를 경우

① Because **it** was fine, **we** went on a picnic. (일반 문장)
 = **It** being fine, **we** went on a picnic. (분사 구문)
 (날씨가 좋았기 때문에 우리는 소풍을 갔다.)

② While **night** came on, **we** started for home. (일반 문장)
 = **Night** coming on, **we** started for home. (분사 구문)
 (밤이 오면서 우리는 집으로 향했다.)

③ When **the sun** had set, **we** came down the hill. (일반 문장)
 = **The sun** having set, **we** came down the hill. (분사 구문)
 (해가 졌을 때 우리는 언덕을 내려왔다)

보충 Tip 분사 구문의 주어와 주문의 주어가 다를 경우

분사 구문과 주문의 주어가 다를 경우 **분사구문의 주어는 생략이 불가능**하다.
Ex. Being fine, we went on a picnic. (×)
 It being fine, **we** went on a picnic. (○)

제 5 일 분사와 분사 구문(Participle&Participial Construction)

(2) 완료형의 분사 구문

① **Though I had sent** many E-mails to her, I never received a reply.
   =**Having sent** many E-mails to her, I never received a reply.
   (내가 그녀에게 많은 메일을 보냈음에도 불구하고 나는 결코 답장을 받지 못했다.)

② **Because he has been** to Europe, he understands European custom.
   =**Having** been to Europe, he understands European custom.
   (그는 유럽을 다녀왔기 때문에 유럽의 관습을 이해한다.)

(3) 부정형의 분사 구문

① Because they don't concede each other, they often quarrel.
   =**Not** conceding each other, they often quarrel.
   (그들은 서로 양보하지 않기 때문에 종종 다툰다.)

② If you are not satisfied with this goods, I will refund.
   =**Not** being satisfied with this goods, I will refund.
   (당신이 이 물건에 만족하지 못하면 환불해 주겠습니다)

   * 분사구문의 부정형은 분사 앞에 not을 붙인다.

5일 확인 문제

분사와 분사 구문(Participle & Participial Construction)

문제 어법에 맞는 표현을 고르시오.

1. He is a famous boxer (calling, called) Champ.
2. Show me the picture (painting, painted) by you.
3. The (sleeping, slept) baby is my nephew.
4. Look at the (standing, stood) beggar at the gate.
5. My sister had her bag (stealing, stolen) in the subway.
6. This is the theater (building, built) 150 years ago.
7. I saw him (to play, playing) the violin.
8. My brother had my watch (repaired, repairing).
9. He spent lots of time (travel, traveling) around the world.
10. My mom made me (clean, to clean) my room.

문제 같은 뜻이 되도록 괄호 안을 적으시오.

1. When I fell down in the street, I listened to the music.
   =(   ) down in the street, I listened to the music.
2. Because I was sick, I was absent from school yesterday.
   =(   ) sick, I was absent from school yesterday.
3. Though he loved Sam Soon, he separated from her.
   =(   ) Sam Soon, he separated from her.
4. As it was rainy, we didn't go on a picnic.
   =(   ) being rainy, we didn't go on a picnic.
5. If you hurry up, you can catch up with her.
   =(   ) up, you can catch up with her.
6. I have a novel which was written in English.
   =I have a novel (   ) in English.
7. The girl singing on the hill is my girlfriend.
   =The girl (   ) is singing on the hill is my girlfriend.

제 5 일 분사와 분사 구문(Participle&Participial Construction)

8. Coming back home, I saw our cat being injured.
   = When ( ) ( ) back home, I saw our cat being injured.
9. Being tired, he wanted to sleep more.
   = As ( ) ( ) tired, he wanted to sleep more.
10. I heard my name called by somebody.
    = I heard somebody ( ) my name.

문제 다 분사 혹은 분사구문을 이용하여 다음 문장을 영어로 작문 하시오.
1. 기타를 연주하는 그 소년은 나의 형이다.
2. 당신은 영어로 쓰인 소설책을 가지고 있습니까?
3. 그 선생님은 어린이들에게 둘러싸인 채 서 있었다.
4. 아빠는 TV를 보시면서 신문을 읽고 계신다.
5. 그는 아내와 아기를 남겨둔 채 전쟁에서 목숨을 잃었다.

5일 실전 문제
분사와 분사 구문(Participle & Participial Construction)

유형 다음 ( )을 현재분사 혹은 과거분사로 바꾸시오. (1~4)
1. The foreigner (live) next to our home is an American.
   (우리 집 옆에 사는 그 외국인은 미국인이다.)
2. This is a school (build) fifty years ago.
   (이것은 50년 전에 지어진 학교이다.)
3. There are three books (write) by Mr. Jo.
   (조 선생님에 의해 쓰여 진 세권의 책이 있다.).
4. Watch the (break) computer.
   (그 부숴진 컴퓨터를 보아라.)

15일 영문법

유형 분사구문을 같은 의미의 일반 문장으로 바꾸시오. (5~9)

5. Having much money, he can buy the car.
   → _____, he can buy the car.
   (그는 많은 돈을 가지고 있기 때문에 그 자동차를 살 수 있다.)

6. She went out, saying good bye.
   → She went out _____.
   (그녀는 안녕이라고 말하면서 나갔다.)

7. Seeing me, she ran away.
   → _____, she ran away.
   (나를 보았을 때 그녀는 도망쳤다.)

8. Keeping awake for two days, you'll feel very tired.
   → _____, you'll feel very tired.
   (이틀 동안 잠을 자지 못한다면 당신은 매우 피곤함을 느낄 것이다.)

9. Getting up late, she has a shower in the morning.
   → _____, she has a shower in the morning.
   (늦게 일어날 지라도 그녀는 아침에 샤워를 한다.)

유형 일반문장을 분사구문으로 바꾸시오. (10~14)

10. Because I was ill yesterday, I stayed at home.
    → _____, I stayed at home.
    (아파서 나는 집에 머물러 있었다.)

11. If you hurry up, you can meet him.
    → _____, you can meet him.
    (서두르면 당신은 그를 만날 수 있습니다.)

12. When she was surprised at the robber, she shouted.
    → _____, she shouted.
    (그녀가 그 강도에게 놀랐을 때 소리를 질렀다.)

13. As she smiled brightly, she waved her hands.
    → _____, she waved her hands.
    (그녀가 밝게 미소 지으면서 손을 흔들었다.)

제 5 일 분사와 분사 구문 (Participle&Participial Construction)

14. After the soldier had died in the battle, the soldier became a hero.
   → _____, the soldier became a hero.
   (전쟁터에서 전사한 후 그 군인은 영웅이 되었다.)

유형 빈칸을 채우시오. (15~20)

15. The twins were born _____ their palms joined.
    (그 쌍둥이는 손바닥이 붙은 채 태어났다.)

16. _____ painted white, the house looked bigger.
    (흰색으로 페인트 칠 되어 져있기 때문에 그 집은 더 크게 보였다.)

17. _____ exhausted from much work, he was sleeping deeply.
    (많은 일들로 지쳐 있었기 때문에 그는 깊이 잠들어 있었다).

18. _____ been to Africa, he understands their poverty.
    (그는 아프리카를 갔다 온 적이 있기 때문에 그들의 가난을 이해한다.)

19. Don't speak _____ your mouth full.
    (입안에 음식물을 문 채로 이야기를 하지 마세요)

20. She was standing there, _____ her finger pointing at the window.
    (그녀는 그곳에서 손가락으로 창문을 가리킨 채로 서 있었다.)

유형 다음 분사구문의 문장들 가운데 틀린 것이 있으면 찾아 알맞게 고치시오. (21~25)

21. Snowing heavily, we put off the game.
22. Driving for three hours to the meeting, it had been postponed.
23. Feeling not well, Ben left the work early.
24. Having invited to the party, we could hardly refuse to go.
25. I fell asleep with TV turn on.

제6일 간접 의문문과 부가 의문문

01 간접의문문

Question Mark(?)가 있는 직접 의문문이 다른 문장과 연결되어 그 문장의 일부가 되는 것을 간접 의문문이라고 한다. 이때 연결하는 방법들을 익히는 것이 이번 단원의 핵심 내용이다.

 의문사가 있는 의문문의 간접의문문

(1) a. Do you know? (당신은 아십니까?)

　b. Who is she? (그녀는 누구 입니까?)

　→ Do you know **who she is**? (당신은 그녀가 누구 인지 아십니까?)
　　　　　　　간접의문(의문사+주어+동사)

(2) a. Tell me. (말해주세요)

　b. Which candidate do you support?

　　(당신은 어느 후보자를 지지합니까?)

　→ Tell me **which candidate you support**.
　　　　　　　간접의문

　(당신이 어느 후보자를 지지하는지 말해주세요.)

(3) a. Ask them. (그들에게 물어 보세요.)

　b. Where doe she live? (그녀는 어디에 삽니까?)

　→ Ask them **where she lives**. (그녀가 어디에 사는지 그들에게 물어 보세요.)
　　　　　　간접의문

A candidate you support

　* 의문사가 있는 일반적인 간접의문문은 의문사+주어+동사의 어순이 된다.

샘 안마디!!

간접 의문문은 영문법의 4대 천왕(관계대명사, 분사 구문, 간접의문문, 관계부사) 가운데 하나이며 정확한 독해와 작문을 위해 매우 중요한 문법이다. 특별히 think, suppose, guess, believe, imagine 동사를 사용하는 간접의문문에 유의해야한다.

2 의문사가 없는 의문문의 간접의문문

(1) a. I wonder. (나는 궁금하다.)

　　b. Does she like me? (그녀는 나를 좋아하는가?)

　　→ I wonder <u>if(=whether) she likes me</u>. (나는 그녀가 나를 좋아하는지 궁금하다.)
　　　　　　　　　　간접 의문문

　　　* if(=whether) : ~인지

(2) a. Please tell me. (제발 말해 주세요.)

　　b. Do you love me or not? (당신은 나를 사랑 하나요? 사랑하지 않나요?)

　　→ Please tell me <u>**whether**(=if) you love me **or not**</u>?
　　　　　　　　　　　　간접 의문문

　　(당신이 나를 사랑하는지 아닌지 제발 말해 주세요.)

　　　* 의문사가 없는 간접의문문은 의문사 대신 **if**(**=whether**)+주어+동사의 어순이 된다.

보충 Tip whether와 if

① whether와 if의 사용법에 주의하자.

　　Ex. Call me **whether** you will come to the party **or not**. (○)

　　　　Call me **if** you will come to the party **or not**. (○)

　　　　Call me **whether or not** you will come to the party. (○)

Call me **if** or not you will come to the party. (×)
(당신이 파티에 올 것인지 안 올 것인지 나에게 전화 해주세요.)

② Whether절은 if 절과는 달리 주어역할을 할 수도 있다.

Ex. Whether it rains **or not** doesn't matter. (○)
If it rains **or not** doesn't matter.(×)
(비가 올지 오지 않을지는 중요하지 않다)

의문사가 주어인 문장의 간접의문문

(1) a. My father asks me often. (아빠는 종종 나에게 물으신다.)
   b. Which comic book is funny?
       (어떤 만화책이 재미있니?)
       → My father asks me often **which comic book is funny**.
                                       간접 의문문
       (아빠는 종종 나에게 어떤 만화책이 재미있는지 물으신다.)

(2) a. I want to know. (나는 알고 싶다.)
   b. Who broke his car? (누가 그의 자동차를 부쉈니?)
       → I want to know **who broke his car**.
                          간접 의문문
       (나는 누가 그의 차를 부쉈는지 알고 싶다.)

I want to know who broke his car.

보충Tip 의문사가 주어인 문장

의문사가 주어인 문장의 간접의문문은 문장 배열에 변화가 없는데 이것은 의문사가 주어인 문장은 평서문과 문장 구성이 똑같기 때문이다.

Ex. Who bullies the boy? Do you know who bullies the boy?
    S   V   O   S   V   O

4 의문사가 문장 앞으로 나와야만 하는 간접의문문

(1) a. Do you think? (당신은 생각 합니까?)
   b. Who is she? (그녀는 누구 입니까?)
      → Do you think who she is? (×)
      Who do you think she is? (○)
      (당신은 그녀가 누구라고 생각합니까?)

(2) a. Do you imagine? (당신은 상상합니까?)
   b. Where is the heaven? (천국은 어디에 있습니까?)
      → Do you imagine where the heaven is? (×)
      Where do you imagine the heaven is? (○)
      (당신은 천국이 어디에 있다고 상상합니까?)

(3) a. Do you guess? (당신은 추측하세요)
   b. Which team will win? (어느 팀이 이길까요?)
      → Do you guess which team will win? (×)
      Which team do you guess will win? (○)
      (당신은 어느 팀이 이길 거라고 추측하세요?)

Where do you imagine the heaven is?

샘 안마디!!

주의해야 할 간접 의문문

주절에 **think** (생각하다, 간주하다) **suppose** (상상하다, 가정하다, 추측하다) **guess**(추측하다, 생각하다) **imagine**(상상하다, 생각하다) **believe**(믿다, 생각하다)등 사람의 머리로 행해지는 생각, 상상, 추측, 가정, 믿음 등을 나타내는 동사가 올 경우 종속절의 의문사가 문장 앞으로 나와야 한다.

02 부가 의문문

평서문 뒤에 붙여지는 말로 상대방에게 확인 혹은 동의를 구하는 의문문을 부가의문문이라고 한다.

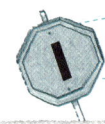 **1** be동사가 있는 문장의 부가 의문문

(1) Susan is sick, **isn't she**? (Susan은 아프지, 그렇지?)
(2) David is sleeping now, **isn't he**? (David 은 지금 자고 있지, 그렇지?)
(3) You were naughty, **weren't you**? (너는 장난꾸러기 이었지, 그렇지?)
(4) Min Ho was not patient, **was he**? (민호는 인내심이 없었어, 그렇지?)

 **2** 일반 동사가 있는 문장의 부가 의문문

(1) Tae Ho enjoys playing the drum, **doesn't he**?
(태호는 드럼 치는 것을 즐기지, 그렇지?)
(2) You loved her, **didn't you**?
(당신은 그녀를 사랑했지요, 그렇지요?)

　＊ 일반 동사가 있는 문장의 부가 의문문 do, does, did를 이용한다.

 조동사가 있는 문장의 부가 의문문

⑴ He could run faster, **couldn't he**?
(그는 더 빨리 달릴 수 있었어, 그렇지?)

⑵ They should be late for school, **shouldn't they**?
(그들은 학교에 지각임이 분명해, 그렇지?)

⑶ Cathy won't trust me, **will she**?
(Cathy는 나를 신뢰하지 않을 거야, 그렇지?)

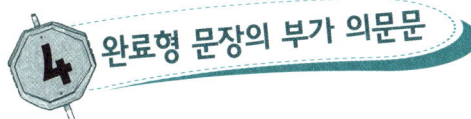 완료형 문장의 부가 의문문

⑴ You have never been to China, **have you**?
(당신은 중국에 갔다 온 적이 없지요, 그렇지요?)

⑵ He had lived in Incheon, **hadn't he**?
(그는 인천에서 살았지, 그렇지?)

⑶ Min Ji has been waiting for Min Ho, **hasn't she**?
(민지는 민호를 기다려 오고 있지, 그렇지?)

  * 완료형문장의 부가 의문문은 have, has, had를 이용한다.

(1) Please be quiet, **will you**?(＝won't you?) (제발 조용하세요, 네?)
(2) Don't touch me, **will you**?(＝won't you?) (나를 건드리지 마세요, 네?)
   * 명령형 문장의 부가 의문문은 will you? 혹은 won't you? 모두 쓸 수 있다.

(1) Let's go to the movies, **shall we**? (영화 보러 갈까요, 네?)
(2) Let's have lunch at 12 : 30, **shall we**? (12시 30분에 점심식사를 하도록 해요, 네?)
   * let's로 시작되는 청유형 문장의 부가 의문문은 shall we? 가 된다.

보충 Tip) 부가의문문에 대한 응답

부가의문문에 not이 포함되어 있어도 응답방법은 긍정의문문과 동일하다.
Ex. You learn Chinese, don't you?
   -Yes I do. - No, I don't.

샘 한마디!!

부가의문문의 억양
부가의문문의 끝을 올리면 상대방에게 동의를 구하는 것이 되며 끝을 내리면 알고 있는 사실에 대한 확인의 의미이다.

6일 확인 문제

― 간접 의문문과 부가 의문문

문제 어법에 알맞은 표현을 고르시오.

1. I wonder (whose , who's) birthday it is.
2. Teach me (how can I , how I can) make it.
3. I am not sure (if , whether) or not I can finish my homework today.
4. (Whose , Who's) mp3 player do you think this is?
5. Tell me (where you are , where are you) living.
6. (When do you guess , Do you guess when) he will go back to the USA?
7. Do you know (who broke , who did break) my bicycle?
8. Chang Min liked Yu Ri, (isn't he? didn't he?)
9. They have finished their homework, (haven't they?, don't they?)
10. Don't touch it, (will you?, do you?)

문제 밑줄 친 부분을 바르게 고치시오.

1. Do you think who she is?
2. Can you tell me if she likes me or not?
3. Whom do you think she is?
4. Ask her when does she come.
5. How a foolish he is!
6. Min Ju had lived in the USA, didn't she?
7. He is missing his fatherland, does he?
8. Did you believe who killed him?
9. Let's hurry up now, will we?
10. Do you know what does she want?

문제 **H** 간접의문문을 이용하여 다음 문장을 영어로 작문 하시오.

1. 그가 누구라고 생각하세요?
2. 나는 그녀가 몇 살인지 모른다.
3. 그녀가 나를 아는지 알지 못하는지는 중요하지 않다.
4. 당신은 그녀가 어디에 산다고 추측하세요?
5. 당신은 그녀를 만난 적이 있지요, 그렇지요?

6일 실전 문제

― 간접 의문문과 부가 의문문

유형 다음 빈칸들을 채우시오. (1~7)

1. 당신은 그녀가 몇 살이라고 생각하세요?
   _____ _____ do you think she is?

2. 나는 삼순이가 삼식이와 결혼할 수 있을지 궁금하다.
   I wonder _____ Sam Soon can marry Sam Sik.

3. 나는 그가 누구인지 모른다.
   I don't know _____ he is.

4. 그가 어느 나라 출신이라고 추측하세요?
   _____ do you guess he is from?

5. 삼식이가 어느 정도 키가 크다고 생각 하십니까?
   _____ _____ do you imagine Sam Sik is?

6. 내가 어느 곳에 주차를 할 수 있는지 말해주세요.
   Tell me _____ I can park my car.

7. 그녀는 나에게 어떤 종류의 영화를 좋아하는지 물었다.
   She asked me _____ _____ _____ movies I like.

유형 두 문장을 연결하여 만든 간접의문문을 만드시오. (8~13)

8. Do you suppose? (당신은 생각하세요?)
   Which way will he go? (그가 어느 길로 갈까요?)
   ➔ _____ _____ do you suppose he will go?
   (당신은 그가 어느 길로 갈 것이라고 생각하세요?)

9. I worry. (나는 걱정스럽다.)
   Can you get up at six tomorrow morning?
   (당신은 내일 아침 6시에 일어날 수 있을까요?)
   ➔ I worry _____ you can get up at six tomorrow morning.
   (당신이 내일 아침 6시에 일어날 수 있을지 걱정스럽다.)

10. Do you remember? (당신은 기억하세요?)
    When did you meet Mr. Yun? (당신은 윤 선생님을 언제 만났습니까?)
    ➔ Do you remember when _____ _____ Mr. Yun?
    (당신은 윤 선생님을 언제 만났는지 기억하세요?)

11. Who knows? (누가 아십니까?)
    Where does Mr Kim live? (김 선생님은 어디에 사세요?)
    ➔ Who knows where _____ ?
    (김 선생님이 어디에 사는지 누가 아십니까?)

12. I want to know. (나는 알고 싶다.)
    Who broke his car? (누가 그의 자동차를 부쉈니?)
    ➔ I want to know _____ ?
    (나는 누가 그 차를 부수었는지 알고 싶다.)

13. Do you guess? (당신은 추측하세요?)
    Whose girlfriend is she? (그녀는 누구의 부인입니까?)
    ➔ _____ _____ do you guess she is?
    (당신은 그녀가 누구의 여자친구라고 추측합니까?)

유형 빈칸에 알맞은 부가의문문을 만드시오. (14~17)

14. He was born in America, _____ _____ ?
15. She should be attractive, _____ _____ ?
16. You can't drive, _____ _____ ?
17. Don't be noisy, _____ _____ ?

유형 다음 문장의 밑줄 친 부분을 어법상 알맞게 고쳐 쓰시오. (18~20)

18. Do you know <u>where are your cats</u>?
19. I want to know <u>how long do I have to run</u>?
20. Tell me <u>when did she come back</u>?

1일~6일 누적테스트

유형 밑줄 친 부분과 같은 의미를 가진 것을 고르시오. (1~3)

1. Do you know <u>where</u> she lives?
   ① on which   ② in which   ③ for which   ④ of which

2. <u>Being</u> poor, our family is always happy.
   ① When we were   ② Because we were
   ③ If we were   ④ Though we were

3. I don't know <u>whether</u> she likes you.
   ① if   ② that   ③ like   ④ despite

유형 다음 두 문장을 같은 의미로 만드시오. (4~6)

4. Tell me the reason why you hate me.
   = Tell me the reason _____ _____ you hate me.
   ① in which   ② for which   ③ on which   ④ of which

96

5. There was a school where my mother graduated.
   ① from which   ② in which   ③ for which   ④ at which

6. If it be fine tomorrow, we will go on a picnic.
   = _____ fine tomorrow, we will go on a picnic.
   ① Being   ② It   ③ It being   ④ Be

다음 중 틀린 문장을 고르시오. (7~10)

7. ① Does he know who you are?
   ② How old do you think she is?
   ③ Where do you suppose he lives?
   ④ Do you guess why she is crying?

8. ① Look at that breaking window.
   ② The sleeping baby is her son.
   ③ The article written by Mr Jo is funny.
   ④ My uncle bought a used car.

9. ① This is the house that we lived in.
   ② This is the house in which we lived.
   ③ This is the house where we lived.
   ④ This is the house in that we lived.

10. ① She remains unmarried.
    ② The roof covered with weed is green.
    ③ I had my picture taken.
    ④ He had his room cleaning.

유형 어법에 맞지 않는 것을 고르시오. (11~15)

11. It ① being fine, we are about ② to going to the park ③ to pick up ④ broken bottles.

12. ① According as a newspaper, a mother whose son ② was kidnapped wanted to know ③ who the ④ criminal was.

13. This is ① the only man ② called X-man ③ whom all of them are seeking ④ for.

14. There are many people ① starving in Africa ② where there ③ has not achieved ④ successful something economically.

15. After ① being looked ② at the map, we still ③ found it difficult to ④ know where to turn.

유형 빈칸에 들어 갈 알맞은 말을 고르시오. (16~20)

16. Look at the girl and the puppy _____ are crossing the bridge.
    ① which   ② who   ③ what   ④ that

17. _____ hard I studied, my mother was never satisfied.
    ① However   ② Whichever   ③ Whenever   ④ Wherever

18. _____ the best way is to learn English well?
    ① Do you think what it is
    ② What do you think
    ③ Do you think what is
    ④ What do you think it is

19. _____ what to do, I asked an advice of him.
    ① Not knowing   ② Knowing   ③ Known   ④ Knowing not

20. We saw a mouse _____ by our kitten.
    ① kill   ② killing   ③ to kill   ④ killed

98

제7일 완료와 완료진행

완료와 완료진행은 한국어에는 없는 문법이지만 영어에서는 시간적 개념을 생생하게 표현하면서 말과 문장의 격조를 높여준다.

01 완료형

과거완료		현재완료		미래완료	
대과거	과거		현재		미래

[have(has) + 과거분사]

과거의 한 시점에서 현재의 한 시점까지 동작이나 상태를 나타내며 계속, 경험, 완료, 결과의 4가지 용법이 있다. 초기 영문법에서 현재완료형의 문장은 계속적인 용법으로만 사용 되었으나 차츰 다른 용법들로 세분화 되어져 왔다. 따라서 모든 현재 완료형의 문장은 계속적 용법의 뜻을 포함하고 있음을 이해하는 것이 중요하다.

(1) 계속적 용법 : (과거에서부터 현재까지 계속해서)~해오고 있다.
  ① They **have kissed for** five minutes. (그들은 5분 동안 키스를 해오고 있다.)
     cf. 과거완료 : They **had kissed for** five minutes.
     (그들은 5분 동안 키스를 했었다.)
  ② I **have made** friends with her **since** 2007.

(나는 2007년 이후로 그녀와 사귀어 오고 있다.)
* make friends with : ~와 사귀다(= go out with)

보충 Tip) since와 from

현재완료 시제에서는 from을 사용할 수 없다.
Ex. I have made friends with her **from** 2007. (×)
I made friends with her **from** 2007. (○)
I have made friends with her **since** 2007. (○)

보충 Tip) 현재완료형 문장의 계속적 용법

현재완료형의 문장에서 계속적 용법은 가장 많이 사용되어지는 용법이며 이때 전치사 **for**(~동안), **since**(~ 이후로 지금 까지 계속)가 흔히 사용된다.
Ex. ① I have made friends her.
　　(= I made friends with her, but now I don't)
② I have made friends with her since 1999.
　　(= I still make friends with her.)

(2) 경험적 용법 : (과거에서부터 현재까지)~한 적이 있다(없다).
① **Have** you **ever kissed** her?
　(너는 그녀와 키스해 본적이 있니?)
② **I have never received** a love letter.
　(나는 연애편지를 받아 본 적이 없다.)

보충 Tip) 현재완료형 문장의 경험적 용법

현재완료형 문장 가운데 **ever**(~한 적이 있는), **never**(~한 적이 없는), **once**(한번 ~한), **before**(전에 ~한)가 있으면 경험적 용법

③ They **have been to** North Korea.
　(그들은 북한에 갔다 온 적이 있다.)

* have(has) been to~ : ~에 갔다 온 적이 있다.

(3) 완료적 용법 : (어떤 동작이나 상태가)~ 끝마쳤다.
   ① I have **already** separated from her.
      (나는 이미 그녀와 헤어졌다.)
   ② She **has just** gone out.
      (그녀는 막 외출했다.)

I have already separated from her.

보충 Tip 현재완료형 문장의 완료적 용법

현재 완료형 문장 가운데 **just**(막), **already**(이미), **yet**(아직), **now**(지금)등의 부사가 있으면 완료적용법이 된다.

(4) 결과적 용법 : ~ 해 버렸다.
   ① She **has gone** away from me.
      (그녀는 내 곁을 떠나 버렸다.)
   ② My grandmother **has gone to** the heaven.
      (나의 할머니는 하늘나라로 가버렸다.)
      cf. **have(has) gone to** ~ : ~에 가버렸다. (결과)
          have(has) been to ~ : ~에 갔다 온 적이 있다. (경험)

My grandmother has gone to the heaven.

샘 안마디!!

현재완료의 결과적 용법은 완료적 용법에 포함시켜 같은 용법으로 취급하기도 한다.

보충 Tip 현재완료와 과거 시제의 비교

현재완료는 현재까지 지속되고 있는 동작이나 상태를 나타내지만, 과거시제는 이미 끝난 동작이나 상태를 나타낸다.

Ex. He was in the hospital for two weeks. :과거 시제
(＝He isn't in the hospital now.)
She's been in the hospital for two weeks. :현재완료 시제
(＝He's still in the hospital.)

(5) 현재완료를 쓸 수 없는 경우

명백하게 과거를 나타내는 어구(yesterday, last week, two months ago 등)과 과거의 어떤 시점을 의미하는 의문사 when은 현재완료와 함께 쓸 수 없다.

① They have arrived in the island **yesterday**. (×)
　They arrived in the island **yesterday**. (○)
　(그들은 어제 그 섬에 도착했다.)
② **When** have you talked with Catherine? (×)
　When did you talk with Catherine? (○)
　(당신은 언제 Catherine과 얘기를 했나요?)

[had＋과거분사]

현재완료와 용법이 동일하며 과거의 한 시점에서 또 다른 과거의 한 시점까지의 어떤 동작이나 상태를 나타낸다.

(1) 계속적 용법 : (과거에서 과거까지 계속해서)~했었다, ~해오고 있었다.
　I **had caught** a cold for two weeks.
　(나는 2주 동안 감기에 걸렸었다.)

(2) 경험적 용법 : ~한 적이 있었다. (없었다)
I **had** ever **lost** my wallet.
(나는 지갑을 잃어버린 적이 있었다.)

(3) 완료적 용법 : (과거 어느 시점까지의) 동작이나 상태의 완료를 의미한다.
They **had** already **decided** to travel Europe.
(그들은 유럽으로 여행가는 것을 이미 결정했었다.)

They had already decided to travel Europe.

(4) 결과적 용법 : (과거 어느 시점까지의) 동작이나 상태의 결과를 의미한다.
She **had gone to** Hong Kong.
(그녀는 홍콩으로 가버렸었다.)

보충 Tip 과거완료

과거완료(**had** + 과거분사)는 과거의 한 시점에서 다른 과거의 한 시점까지 상태나 행동을 나타내며 현재완료와 용법이 동일하다.

샘 안마디!!

대과거로 쓰이는 과거완료
과거보다 이전에 일어난 일은 과거완료로 표현해야하며 이때 사용되는 과거완료를 대과거라고 한다.
Ex. ① When I **met** her, she **had bought** a new car.
☞ 내가 그녀를 만난 것이 과거시제이며 그녀가 자동차를 산 것은 더 과거 시점이므로 과거완료로 대과거를 나타낸다.
② His parents **had gone out** when he came back home.
☞ 그가 집에 돌아온 것은 과거시제이며 그의 부모님이 외출 한 것은 더 과거 시점인 대과거(과거완료)가 된다.

3. 미래완료

(will(shall) + have + 과거분사) : ~해오고 있을 것이다.

미래완료는 현재에서부터 또 다른 미래의 한 시점까지의 상태나 동작을 나타낸다. 현재(과거)완료와 마찬가지로 계속, 경험, 완료, 결과의 용법으로 사용된다.

We **will have lived** in this apartment until next year.
(내년까지 우리는 이 아파트에서 살고 있을 것이다.)

02 완료진행형

과거완료진행	현재완료진행	미래완료진행
대과거 과거	현재	미래

(have(has) been + ~ing) : 계속 ~를 해오고 있다.

현재완료진행 시제는 현재완료의 계속적 용법의 의미를 더욱 강조하면서, 현재까지는 물론 앞으로도 어떤 동작이나 상태가 계속 진행될 것임을 의미하고 있다.

I have been studying English for 5 years. [현재완료 진행]
(나는 5년 동안 계속 영어를 공부해오고 있는 중이다.) (앞으로도 계속 더 공부 할 것임을 의미)
(= I started to study English 5 years ago. I'm still studying English.)
cf. **I have studied** English for 5 years. [현재완료] (계속적 용법)
   (나는 5년 동안 영어를 공부해오고 있다.)

과거완료진행

(had been+~ing) : 계속 ~를 해오고 있었다.

과거 완료 진행은 과거완료의 계속적 용법의 의미를 더욱 강조하고 있다.

I had been studying English for 5 years. [과거완료진행]
(나는 5년 동안 계속 영어를 공부 해오고 있는 중이었다.)
cf. **I had studied** English for 5 years. [과거완료]
   (계속적 용법)
   (나는 5년 동안 영어를 공부 해오고 있었다.)

보충 Tip 완료진행

현재완료, 과거완료, 미래완료의 진행형은 현재(과거, 미래)완료의 계속적용법과 거의 유사하며 계속적인 의미를 좀 더 강조하고 있다.

3 미래완료진행

(will(=shall) have been+~ing) : (미래에) 계속 ~를 하고 있을 것이다.

미래 완료 진행은 미래완료의 계속적 용법의 의미를 더욱 강조하고 있다.

He **will have been studying** in the USA until next year.
[미래완료진행]
(그는 내년까지 미국에서 계속 공부하고 있는 중 일 것이다.)

cf. I **will have studied** in the USA next year. [미래완료] (계속적 용법)
   (내년에 나는 미국에서 공부하고 있을 것이다.)

7일 확인 문제

완료와 완료진행

문제 어법에 알맞은 표현을 고르시오.

1. I (have never seen, have seen never) such an attractive lady.
2. I have learned swimming (since, from) 2000.
3. Our family (has visited, visited) the city two years ago.
4. When he arrived, his brother (has left, had left) an hour before.
5. When (have, did) you read the novel?
6. I have (just, just now) finished my homework.
7. The concert hasn't finished (already, yet).
8. I (had been, have been) waiting for an hour before you came back.
9. She (is reading, has been reading) the book since last night.
10. He said that he (has lost, had lost) his digital camera.

문제 밑줄 친 부분을 바르게 고치시오.

1. My grandfather was sick since last month.
2. I would have finished the painting tomorrow morning.
3. He said that he has lost his wallet.
4. If I were a bird, I would have flied to you.
5. They have studying English for 5 years.
6. He has lived in Daegu until he moved to Seoul.
7. I have not yet finished my work.
8. She has gone to Rome twice.
9. He has loved her from the dance party.
10. I would have studied in America in 2010.

15일 영문법

문제 H 괄호안의 시제를 이용하여 영어로 작문하시오.

1. 나는 2000년부터 영어를 공부해오고 있다. (현재완료)
2. 우리 가족은 3년 동안 뉴질랜드에 살았었다. (과거완료)
3. 우리 할아버지는 북한에 두 번 다녀오셨다. (현재완료)
4. 나는 그녀를 2시간 동안 기다려오고 있다. (현재완료 진행)
5. 그녀는 작년에 영어를 열심히 공부했었음에 틀림없다. (현재완료)

7일 실전 문제
완료와 완료진행

유형 다음 빈칸을 채우시오. (1~10)

1. I _____ _____ in Seoul for 18 years.
   (나는 서울에서 18년 동안 살아오고 있다.)
2. I _____ _____ _____ a lucky woman like her.
   (나는 그녀처럼 행운이 있는 여자를 본적이 없다.)
3. She _____ _____ _____ the cake.
   (그녀는 케잌을 막 만들었다.)
4. Daniel _____ _____ _____ America.
   (다니엘은 미국으로 가버렸다.)
5. Joey _____ _____ _____ France.
   (Joey는 프랑스를 갔다 온 적이 있다.)
6. Anna _____ _____ _____ me.
   (Anna는 나를 본적이 있다.)
7. How long _____ you _____ here?
   (당신은 얼마동안 여기에 있었습니까?)
8. I have made friends with her _____ 2003.
   (나는 2003년 이후로 그녀와 사귀어 오고 있다.)

9. I have been _____ English for 5 years.
   (나는 5년 동안 계속 영어를 공부해오고 있다.)
10. I will have _____ in America next year.
    (내년에 나는 미국에서 공부하고 있을 것이다.)

유형 주어진 동사의 과거 또는, 현재완료(진행)을 사용하여 문장을 완성하시오. (11~15)

11. She _____ _____ _____ (study) French until 2010.
    (미래 완료)
    (그녀는 2010년까지 불어를 공부할 것이다.)
12. It _____ _____ _____ (rain) when I opened the window.
    (과거완료진행)
    (어젯밤 창문을 열었을 때 비가 내리고 있었다.)
13. I _____ _____ _____ (go out) when he called. (과거완료)
    (그가 전화 했을 때 나는 막 외출 했었다.)
14. Because I _____ _____ (meet) Anna several times before, I recognized her at once. (과거완료)
    (나는 전에 Anna를 여러 차례 만났기 때문에 그녀를 바로 알아봤다.)
15. Daniel _____ (live) in the USA for 20 years.
    (현재완료진행)
    (다니엘은 미국에서 15년 동안 계속 살아오고 있다.)

유형 두 문장을 현재완료를 사용하여 한 문장으로 바꾼 것이다. 빈칸을 채우시오. (16~20)

16. Sam Soon worked in the restaurant last year. She works there this year, too.
    → Sam Soon _____ _____ in the restaurant since last year. (현재완료)
    (삼순이는 작년부터 그 레스토랑에서 일해오고 있다.)

17. He played computer game for 3 hours. He is still playing computer games.
    ➜ He _____ _____ _____ computer game for 3 hours.
    (현재완료진행)
    (그는 3시간 동안 계속 컴퓨터 게임을 해오고 있다.)

18. We have dinner. We are having it for an hour.
    ➜ We _____ _____ _____ dinner for an hour.
    (현재완료진행)
    (우리는 한 시간 동안 저녁식사를 하고 있다.)

19. The taxi driver began to study English last year. He studies English this year, too.
    ➜ The taxi driver _____ _____ English since last year.
    (현재완료)
    (그 택시 기사는 작년부터 영어를 공부 해오고 있다.)

20. It rained last night. It is raining until this morning.
    ➜ It _____ _____ _____ until this morning. (현재완료진행)
    (오늘 아침까지 비가 계속 내리고 있다.)

제8일 가정법(Subjunctive mood)

> 가정법은 특유의 규칙들을 가지고 있기 때문에 중요한
> 가정법 문장들을 반드시 암기하여 응용할 수 있도록 해
> 야 한다.

01 시제에 따른 분류

가정법의 종류	
가정법 현재	인칭이나 시제에 관계없이 동사원형을 사용
가정법 과거	현재의 사실과 반대되는 것을 가정 If+S(주어)+과거동사, S+조동사과거형+R(동사원형)
가정법 과거완료	과거의 사실과 반대되는 것을 가정 If+S(주어)+had+p.p., S+조동사과거형+have+p.p.
가정법 미래	실현가능성에 대한 강한 의심을 표현할 때나, 미래에 실현 불가능한 것을 표현 If+S+should+R, S+조동사의 과거형(또는 미래형)+R(동사원형) If+S+were to+R, S+조동사의 과거형+R(동사원형)

(1) 가정법 현재 : 미래시제로 해석

If it **be(=is)** fine tomorrow, we **will** go on a trip.
　　　동사원형(현재시제)

(내일 날씨가 **좋다면** 우리가 소풍을 갈 것이다.)

＊ 가정법 문장에서는 am, are, is 대신에 be를 사용할 수도 있다

(2) 가정법 과거 : 현재시제로 해석

If I **were** a bird, I **could** fly to her.
　　　과거시제　　　　과거 시제조동사(would, might, should)

(내가 **새라면**, 그녀에게 날아갈 수 **있을** 텐데.)

＝As I'm not a bird, I cannot fly to her.

　(나는 새가 아니기 때문에, 그녀에게 날아갈 수 없다.)

* 가정법 문장에서 **was**는 쓸 수 없다.

(3) 가정법 과거완료 : 과거시제로 해석

If I **had been** a bird, I **could have flied** to her.
　　　과거완료시제　　　　　과거 시제 조동사+have+p.p.

(내가 **새였다면**, 그녀에게 날아 갈 수 **있었을** 텐데.)

= As I wasn't a bird, I could not fly to her.

(나는 새가 아니었기 때문에, 그녀에게 날아갈 수 없었다.)

* 가정법 과거완료 문장의 귀결 절에는 반드시 **현재완료** 문장이 따라온다.

If I were a bird, I could fly to her.

(4) 가정법 미래 : 미래시제로 해석

If it **should** rain tomorrow, the game **will**(=would) be canceled.

(만약 내일 비가 온다면 그 시합은 취소 될 것이다.)

샘 한마디!!

가정법 미래

가정법 미래문장은 가정법 문장에서 잘 사용 되지 않지만 가정법현재와 같이 미래시제로 해석되며 실현 가능성이 낮은 미래의 일을 가정할 때 사용된다는 차이점이 있다. 주로 '**if + 주어 + should + 동사원형**' 의 형태로 쓰인다.

02 가정법의 다양한 표현

I wish 가정법

~라면 좋을 텐데(~라면 좋았을 텐데)

(1) I wish **I were a bird**. (내가 새라면 좋을 텐데.)
  가정법 과거 : 현재로 해석

  = **I am sorry** (that) I **am not** a bird. (내가 새가 아니라서 유감스럽다.)

  * I wish I **was** a bird.(x)

(2) I wish **I had been a bird**.
  가정법과거완료 : 과거로 해석

  (내가 새였다면 좋았을 텐데.)

  = **I am sorry** (that) I **was not** a bird.

  (내가 새가 아니었기 때문에 유감스럽다.)

샘 한마디!!

I wish 가정법
I wish 뒤에는 마치 if 가 생략 된 것처럼 생각하고 I wish 뒤에 따라오는 문장의 시제에 따라 가정법 현재(혹은 가정법과거, 가정법과거완료)로 구분해야 한다.

2 as if 가정법

마치 ~인 것처럼

(1) She speaks **as if** she knew it.
　　　　　　가정법 과거 : 현재로 해석
　(그녀는 마치 그것을 아는 것처럼 말한다.)
　= **In fact**, she doesn't know it.
　　(사실은 그녀는 그것을 알지 못한다.)

(2) She speaks **as if** she had known it.
　　　　　　　가정법 과거완료 : 과거로 해석
　(그녀는 마치 그것을 알았던 것처럼 말한다.)
　= **In fact**, she didn't know it.
　　(사실은 그녀는 그것을 알지 못했다.)

She speaks as if she knew it.

샘 한마디!!

as if 가정법
I wish 가정법처럼 as if 가정법도 if 뒤에 따라오는 문장의 동사에 따라 가정법 현재 혹은 가정법 과거, 가정법과거 완료로 구분된다.

without = but for = if it were not for / if it had not been for

(1) **Without** your help, I would fail.
 = **But for** your help, I would fail.
 = **If it were not for** your help, I would fail.
 = **Were it not for** your help, I would fail.
 (너의 도움이 없다면 나는 실패 할 텐데.)

 * would fail을 보고 **가정법 과거** 문장임을 확인해야한다.

(2) **Without** your help, I would have failed.
 = **But for** your help, I would have failed.
 = **If it had not been for** your help, I would have failed.
 = **Had it not been for** your help, I would have failed.
 (너의 도움이 없었더라면 나는 실패 했을 텐데.)

 * would have failed를 보고 **가정법 과거완료** 문장임을 확인해야한다.

Without your help, I would have failed.

샘 안마디!!

without과 but for

① without과 but for는 가정법에서 '~이 없다면' 혹은 '~이 없었다면'으로 해석된다.
② if를 생략하면 주어와 동사의 위치를 변경 해야만 한다.

(1) **Unless** Joey knows the formula, he can not solve this question.

(만약 Joey가 그 공식을 모른다면 이 문제를 풀 수 없을 텐데.)

* unless : 만약~하지 않는 다면(=if ~not)

(2) **Once** he declines, he will never accept it.

(그가 한번 거절하면, 결코 그것을 받아들이지 않을 거야.)

* once : 한번 ~하면

(3) **Should** he be given another chance, he will do his best.

(만약 그가 다른 기회를 가지게 되면, 최선을 다할 거야.)

* Should he be given~ = If he should be given~

* if가 생략된 가정법의 도치 문장에서 should가 가정법 문장을 이끌 때도 있다.

(4) Hurry up, **and** you can finish the mission by today.

(서둘러라 그러면 너는 오늘까지 그 임무를 끝마칠 수 있다.)

* 명령문에서 and는 그러면 으로 해석 한다.

(5) Hurry up, **or** you can not finish the mission by today.

(서둘러라 그렇지 않으면 너는 오늘까지 그 임무를 끝마칠 수 없다.)

* 명령문에서 or는 그렇지 않으면 으로 해석 한다.

보충 Tip) by 와 until

by와 until(=till)은 (~까지)의 뜻으로 쓰이지만 구체적인 의미는 다르다

Ex. Come back **by** 6 o'clock. (○) (6시까지 돌아오세요.)

　　Come back **until** 6 o'clock. (×)

Wait for me **until** 6 o'clock. (○) (6시까지 (계속) 나를 기다려 주세요.)
Wait for me **by** 6 o'clock. (×)

Come back by 6 o'clock.

02 가정법의 도치 및 If의 생략

가정법 문장은 if가 생략되면 「동사+주어」의 형태로 도치가 된다.

(1) **Were I you**, I would call her right now.
 = If I were you, I would call her right now.
 (내가 너라면 그녀에게 당장 전화 할 텐데.)

(2) **Had I spoken English well**, I could have talked to Anna.
 = If I had spoken English well, I could have talked to Anna.
 (내가 영어를 잘했다면 Anna와 얘기 할 수 있었을 텐데.)

(3) **Should I get a chance**, I will travel Europe. (가정법 미래)
 = If I should get a chance, I will travel Europe.
 (나는 기회가 있다면 유럽을 여행할 것이다.)

8일 확인 문제

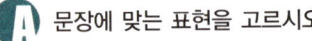

문제 **A** 문장에 맞는 표현을 고르시오

1. If he (was, were) an English teacher, we could learn English interestingly.
2. If it be fine, we (will, would) climb a mountain.
3. If I had been a bird, I could (fly, have flied) to you.
4. If he (be, was) a doctor, he can cure her.
5. I (wish, wished) he were our teacher.
6. I (wish, wished) he had been our teacher.
7. He speaks (as if, even though) he were a pilot.
8. If it were not for your advice, I (would fail, would have failed).
9. If it had not been for your advice, I (would fail, would have failed).
10. (Was, Were) I a bird, I would fly to you.

문제 **B** 밑줄 친 부분을 바르게 고치시오.

1. Ho Dong speaks as if he was a super man.
2. I wish I was a clever student.
3. If I had been free, I could help you.
4. If I broke the rule, my father will punish me.
5. If you come back late, we would go first.
6. I wished I were you.
7. I wished I had been you.
8. I wish I have been you.
9. She sings well even if she were a singer.
10. If it had not been for your teaching, I could not had spoken English.

문제 H 괄호안의 용법에 맞추어 영어로 작문하시오.

1. 그녀가 행복하다면 좋을 텐데. (가정법 과거)
   → _____ .

2. 내가 그 책이 있었다면 너에게 그것을 빌려 줄 수 있을 텐데. (가정법 과거완료)
   → _____ .

3. 내가 부자라면 가난한 사람들을 도와 줄 텐데. (가정법 과거)
   → _____ .

4. 그녀는 항상 마치 개그우먼인 것처럼 말한다. (가정법 과거)
   → _____ .

5. 내가 영어선생님이 된다면 영어를 재미있게 가르칠 수 있을 텐데. (가정법 현재)
   → _____ .

8일 실전 문제

가정법(Subjunctive mood)

유형 ● 다음 빈칸들을 채우시오. (1~20)

1. (현재에) 표가 두 장 있다면 너와 함께 그 음악회에 갈 수 있을 텐데.
   If I _____ two tickets, I could go to the concert with you.

2. (과거에) 내가 너의 이름을 알고 있었더라면 우리가 더 친해 질 수 있었을 텐데.
   If I _____ _____ your name, we could _____ been more familiar.

유형 ● 3. (현재에) 내가 너라면, 그것을 포기할 텐데.
   If I _____ you, I would give it up.

4. (미래에) 내가 선생님이 된다면, 재미있게 학생들을 가르칠 수 있을 텐데.
   If I _____ a teacher, I can teach students interestingly.

5. (현재에) 내가 삼순이라면 좋을 텐데.
   I wish I _____ Sam Soon.

119

6. (미래에) 내가 부자가 된다면 좋을 텐데. **(가정법 현재)**
   I wish I _____ rich.
7. (과거에) 내가 시골에서 태어났었더라면 좋았을 텐데. **(가정법 과거완료)**
   I wish I _____ _____ born in a country.
8. (과거에) 그는 마치 의사였던 것처럼 행동했다. **(가정법 과거완료)**
   He acted as if he _____ _____ a doctor.
9. (현재에) 그는 마치 의사인 것처럼 행동한다.
   He acts as if he _____ a doctor.
10. (과거에) 그의 조언이 없었더라면 나의 작품은 불가능 했을 텐데.
    If it had not been for his advice, my work would have been impossible.
    = _____ it not _____ for his advice, my work would have been impossible.
    = _____ for his advice, my work would have been impossible.
    = _____ his advice, my work would have been impossible.
11. (현재에) 그 참고서가 없다면 나는 숙제를 마칠 수 없다.
    If it were not for the reference, I could not finish my homework.
    = _____ it not for the reference, I could not finish my homework.
    = _____ for the reference, I could not finish my homework.
12. (미래에) 너의 조언이 없다면 그는 아무것도 할 수 없을 것 이다.
    _____ your advice, he can do nothing.
13. (현재에) 내가 새라면 너에게 날아갈 수 있을 텐데
    _____ I a bird, I could fly to you.
14. (과거에) 그녀의 도움이 없었더라면 그는 실패했을 것이다.
    _____ _____ your help, he could have failed.
15. (과거에) 내가 당신을 몰랐었더라면 불행했을 것이다.
    If I had not known you, I would _____ _____ unhappy.
16. 일단 시작했으면 끝장을 내야 한다.
    _____ you start, you must finish it.
17. (과거에) 내가 당신이었다면 미국에서 공부했을 텐데
    _____ _____ I you, I would have studied in the USA.

18. 그는 열심히 공부했다. 그렇지 않았으면 실패했을 것이다.
   He worked hard; _____ he would have failed.
19. She acts as if she were an entertainer.
   = _____ _____ , she is not an entertainer.
20.   I wish I could play the drum.
   = _____ _____ _____ I can't play the drum.

제9일 수동태 (The passive voice)

- 수동태는 한국 사람들이 많이 헷갈려 하는 문법 가운데 하나이며 무엇보다 수동이라는 단어의 개념을 우선 이해하고 몇 가지 수동태 문장의 형태를 익혀야 한다. 수동태는 「be+과거분사+by」의 형태로 쓰여 지며 '~에 의해 ~되어 지다' 로 해석된다.

01 시제에 따른 수동태

(1) 현재형의 수동태〔am(are, is)+과거분사〕: ~되어 지다

I love her. (나는 그녀를 사랑한다.)

→ She **is loved** by me. (그녀는 나에 의해 사랑 받는다.)

* 능동태의 목적어가 수동태의 주어로 된다.

(2) 현재진행형의 수동태〔am(are, is)+being+과거분사〕: ~되어 지고 있는 중이다.

I am writing a poem. (나는 시를 적고 있는 중이다.)

→ A poem **is being written** by me.

(시가 나에 의해 적혀 지고 있는 중이다.)

His watch was stolen by a guest.

(4) 과거형의 수동태〔was(were)+과거분사〕: ~되어 졌다

A guest stole his watch. (어떤 손님이 그의 시계를 훔쳤다.)

→ His watch **was stolen** by a guest.

(그의 시계는 어떤 손님에 의해 도난 되어졌다.)

(4) 과거진행형의 수동태(was(were)+being+과거분사〕: ~되어 지고 있는 중이다.

She was watching a movie. (그녀는 영화를 보고 있는 중이다.)

→ A movie **was being watched** by her.

(영화가 그녀에 의해 보여 지고 있는 중이다.)

(5) 미래형의 수동태〔will be+과거분사〕: ~되어 질 것이다
We will elect a new president.
(우리는 새 대통령을 선출할 것 이다.)
→ A new president **will be elected** by us.
(새 대통령은 우리에 의해 선출 되어 질 것 이다.)

(6) 현재완료의 수동태〔have(has) been+과거분사〕: ~되어져 있다, ~되어져오고 있다.
I have loved her.(나는 그녀를 사랑해 오고 있다.)
→ She **has been loved** by me.
(그녀는 나에 의해 사랑을 받아오고 있다.)

(7) 과거완료의 수동태〔had been+과거분사〕: ~되어져 있었다, 되어져 오고 있었다.
She had cleaned her room. (그녀는 그녀의 방을 청소 했었다.)
→ Her room **had been cleaned** by her.
(그녀의 방은 그녀에 의해 청소 되어져 있었다.)

보충 Tip) 수동태로 바꿀 수 없는 동사

소유, 존재 관계 등을 나타내는 동사를 포함하여 수동태로 바꿀 수 없는 다음과 같은 동사들이 있다.
have(가지고 있다), resemble(~을 닮다), become(~과 어울리다), appear(나타나다), survive(생존하다), happen(발생하다), fit(~에 꼭 맞다), cost(~(비용이) 들다), win(~에서 이기다)

Ex ① She resembles her mother.
　　　→ Her mother is resembled by her. (×)
　② This shirts fits me.
　　　→ I am fitted by this shirts. (×)

02 문장 형식에 따른 수동태

1. 3형식 문장의 수동태

주어 + 동사 + 목적어

(1) I broke the dishes. (나는 그 접시들을 깼다.)
 → The dishes **were broken** by me.
　(그 접시들은 나에 의해 깨어졌다.)

(2) Who broke the window?
 → **By** whom **was** the window **broken**.
　(그 유리 창문은 누구에 의해 부숴 졌니?)
　＊ 의문문의 수동태에서 who는 whom으로 바꾼다.

The dishes were broken by me.

2. 4형식 문장의 수동태

주어 + 동사 + 간접목적어 + 직접목적어

목적어가 두개 이므로 수동태도 두 종류가 된다.
 I sent **her** **an e-mail**. (나는 그녀에게 한통의 메일을 보냈다.)
　　　간.목　　직목

→ 간접목적어가 주어가 될 때 :
  She was sent an e-mail by me. (그녀는 나에 의해서 한통의 메일을 받았다.)
→ 직접목적어가 주어가 될 때 :
  An e-mail was sent to her by me. (한통의 메일이 나에 의해 그녀에게 보내졌다.)

주어 + 동사 + 목적어 + 목적보어

(1) We call **him** Superman.
   　　　　목적어

   (우리는 그를 슈퍼맨 이라고 부른다.)

   → He **is called** Superman by us.

   (그는 우리들에 의해 슈퍼맨이라 불리어 졌다.)

(2) I saw Sam Soon drive.
   　　　　목적어　목적보어

   (나는 삼순이가 운전하는 것을 보았다.)

   → Sam Soon **was seen to** drive by me.

   (삼순이는 나에 의해서 운전하는 것이 보여 졌다.)
   = (삼순이는 나에게 운전하는 것이 목격 되어 졌다.)

He is called Superman by us.

(3) Her mother made her become a diplomat.

   (그녀의 엄마는 그녀를 외교관이 되도록 만드셨다.)

   → She **was made to** become a diplomat by her mother.

   (그녀는 그녀의 엄마에 의해 외교관으로 만들어 졌다.)

   ＊ 지각동사 혹은 사역동사가 있는 5형식 문장을 수동태로 바꿀 때 to를 삽입해야만 한다.

03 (by+목적어)를 생략할 수 있는 수동태

(1) English is spoken in America **(by Americans)**.
   (영어는 미국에서 쓰여 진다.)
   * 미국에서 영어는 당연히 미국인들에 의해 사용되어지므로
     by Americans는 생략 가능하다.

(2) President is elected **(by people)**.
   (대통령은 선출되어진다.)
   * 대통령을 선출하는 것은 당연히 국민들이므로 by people은 생략가능하다.
   * by+목적어를 생략해도 문장의 뜻이 변화가 없을 경우 생략할 수 있다.

English is spoken in America.

04 수동태의 관용적 표현

(1) The mountain **is covered with** snow. (그 산은 눈으로 덮여져 있다.)
(2) I **am satisfied with** the result. (나는 그 결과에 만족한다.)
(3) She **was pleased with** the gift. (그녀는 그 선물에 기뻐했다.)
(4) We **were surprised at** the scream. (우리는 그 비명 소리에 놀랐다.)
(5) Guss Hiddink is **known for** a soccer director. (거스 히딩크는 축구감독으로 유명하다.)
   * be known as ~으로 유명하다, be known by ~을 보면 알 수 있다.
   * be known to ~에게 알려져 있다
(6) This desk **was made of** an oak tree. (물리적인 변화)
   (이 책상은 참나무로 만들어 졌다)
   * 참나무가 책상으로 변화 된 것은 모습만 변화된 물리적 변화.
(7) These plastic cups **were made from** oil. (화학적 변화)
   (이 플라스틱 컵들은 석유로 만들어 졌다)

제 9 일 수동태(The passive voice)

* 석유가 플라스틱으로 바뀌면 성분이 변화된 화학적 변화

(8) I **am interested in** rap music.
   (나는 랩 음악에 흥미가 있다.)

(9) We **were excited in** the 2002 World Cup.
   (우리는 2002 월드컵에 흥분했었다.)

(10) The cup **is filled with** milk.
   (그 컵은 우유로 가득 차 있다.)

(11) The subway station **is crowded with** many people.
   (그 지하철역은 많은 사람들로 복잡하다.)

(12) A soccer team **is composed of** eleven players.
   (축구팀은 11명으로 구성되어진다.)
   = A soccer team **consists of** eleven players.

   * be composed of = consist of ~로 구성되다

샘 안마디!!

수농태의 형태이변서도 be+p.p+by의 형태가 아닌 경우들은 일반 숙어처럼 암기를 해두어야만 한다.

9일 확인 문제

수동태(The passive voice)

문제 어법에 맞는 표현을 고르시오.

1. She is (calling, called) Sam Soon by us.
2. She was seen (cry, to cry) by me.
3. she was made (be, to be) a golf player by her father.
4. I'm (interesting, interested) in history.
5. She was pleased (with, by) his present.
6. I was surprised (at, by) the news.
7. The hall was covered (with, by) dust.
8. He was (writing, written) an email.
9. (To, By) whom is she loved?
10. (Are, Is) every children loved by the teacher?

문제 밑줄 친 부분에 적합한 전치사를 적으시오.

1. My sister was very pleased _____ the gift.
2. I was surprised _____ the news.
3. A basketball team is composed _____ five players.
4. We were satisfied _____ our teacher's answer.
5. The golf player is known _____ Americans.
6. These bottles are made _____ petroleum.
7. This desk was made _____ an old tree.
8. The roof is covered _____ weeds.
9. He was made _____ be a painter by his parents.
10. _____ whom was this book written?

제 9 일 수동태(The passive voice)

문제 다음 문장을 수동태로 바꾸시오.

1. Mr James wrote this book.
   → _____.

2. We saw the thief run away.
   → _____.

3. I am writing an email.
   → _____.

4. Who loves her?
   → _____.

5. We have raised a cat.
   → _____.

9일 실전 문제

수동태(The passive voice)

유형 수동태 문장으로 만들 때 빈칸에 알맞은 말을 적으시오. (1~5)

1. We call the animal the dragon. (능동태)
   → The animal _____ _____ the dragon. (수동태)

2. She loves him. (능동태)
   → He _____ _____ _____ her. (수동태)

3. I saw her nip him. (능동태)
   → She was seen _____ nip him by me. (수동태)

4. He sent a letter to her. (능동태)
   → A letter _____ _____ to her by him. (수동태)

5. His father made George Bush become a politician. (능동태)
   → George Bush was made _____ become a politician by his father. (수동태)

유형 괄호 안에 알맞은 전치사를 넣으시오. (6~15)

6. Tires are made _____ oil.
   (타이어는 석유로 만들어진다.)

7. Koreans are interested _____ soccer.
   (한국 사람들은 축구에 흥미가 있다.)

8. The roof is covered _____ snow.
   (그 지붕은 눈으로 덮여있다.)

9. Daegu is known _____ a textile city.
   (대구는 섬유도시로 유명하다.)

10. This dining table was made _____ an oak tree.
    (이 식탁은 참나무로 만들어 졌다.)

11. We were surprised _____ the scream.
    (우리는 그 비명 소리에 놀랐다.)

12. I am satisfied _____ the result.
    (나는 그 결과에 만족한다.)

13. A rugby team is composed _____ fifteen members.
    (럭비 팀은 15명으로 구성되어진다.)

14. The soccer player is known _____ everyone.
    (그 축구선수는 모든 사람에게 알려져 있다.)

15. The stadium is crowded _____ a great number of audience.
    (그 경기장은 많은 관중들로 꽉 차있다.)

다음 수동태 문장을 능동태로 바꾸시오. (16~20)

16. The children were loved by their grandparents.
    → _____.

17. Where was this camera bought by you?
    → _____.

18. Was the window broken by the boy?
    → _____.

19. The watch has been repaired by him.
    → _____.

제 9 일 수동태(The passive voice)

20. She was seen to cry by me.
    → _____.

1일 ~ 9일 누적테스트

유형 빈 칸에 알맞은 것을 고르시오. (1~3)

1. The girls that we met yesterday were very pretty.
   ① who   ② whose   ③ whom   ④ which
2. _____ I'll marry, I'll make her happy.
   ① Whoever   ② Whomever   ③ Wherever   ④ Whenever
3. _____ your help, I could not have succeeded.
   ① Except for   ② Besides   ③ Without   ④ With

유형 다음 두 문장을 같은 의미로 만드시오. (4~6)

4. If I were you, I could help him.
   = Because I _____ not you, I _____ help him.
   ① am, can   ② was, could   ③ am, can not ④ was, could not
5. After he was killed in the battle, the general became a hero.
   = _____ in the battle, the general became a hero.
   ① Killing   ② Being killed ③ With killing ④ By killing
6. He pretend to meet her accidentally.
   = He pretend to meet her _____ accident.
   ① on   ② at   ③ in   ④ by

131

유형　다음 중 틀린 문장을 고르시오. (7~10)

7. ① The movie is a story about a spy whose wife betrays him.
   ② Whales are the largest animals that have ever lived.
   ③ This is the camera, that I lost.
   ④ Nobody that knows me attended the party.

8. ① If I had been a bird, I could have flown to you.
   ② Where do you think she lives?
   ③ Do you know when she comes back?
   ④ They have lived in Canada from 2000.

9. ① She was seen run away by us.
   ② We were surprised at the news.
   ③ By whom is she loved?
   ④ Plastic bottles are made from petroleum.

10. ① The girl playing the piano is my sister.
    ② I received a letter written in English
    ③ We had our car repaired.
    ④ He heard his name calling.

유형　어법에 맞지 않는 것을 고르시오. (11~15)

11. The teacher ① who ② was sitting ③ surrounding by children ④ had been sick.
12. If I ① am you, ② I'll buy the dress ③ to her ④ although it is expensive.
13. Young people especially ① find the new ② discoveries ③ in outer space ④ excited.
14. ① To ② whom ③ has she ④ been loved?
15. ① Thanks to the newly ② invented vaccine, the liver ③ disease has now ④ been disappeared.

제 9 일 수동태(The passive voice)

유형 빈칸에 들어갈 알맞은 것을 고르시오. (16~20)

16. My father had our TV _____.
    ① mend   ② to mend   ③ mending   ④ mended

17. If you had not helped me, I would _____.
    ① fail   ② had failed   ③ have failed   ④ been failed.

18. She always kisses _____ her left leg shaking.   .
    ① with   ② on   ③ by   ④ in

19. He spoke as if he _____ a policeman at past.
    ① was   ② has been   ③ had been   ④ would be

20. Children _____ parents are dead are called orphans.
    ① who   ② whose   ③ whom   ④ that

133

제10일 관사와 It의 특별 용법

01 관사(Article)

관사의 관(冠)은 조선시대 선비들이 비가 오나 눈이 오나 사시사철 쓰고 다녔던 '갓'을 뜻하는 말이며 영어문장에서 명사와 함께 밀접하게 붙어 다니기 때문에 붙여진 이름이다. 관사에는 정관사 the와 부정관사 a(an)이 있다.

1 부정관사

(1) 막연히 '**많은 것 가운데 하나**' (one of many)를 가리킬 때 부정관사의 용법 가운데 가장 자주 쓰이는 용법으로, 이런 경우의 부정관사는 우리말로 옮길 때 구체적인 해석을 하지 않는다.

① His father is **a** boss of **a** gang.
(그의 아버지는 조폭 두목이다.)

② Sarah is **an** honest girl and never tells such **a** lie.
(사라는 정직한 소녀이고 절대 그런 거짓말을 하지 않는다.)

* honest는 h가 묵음이므로 앞에 부정관사 an을 사용한다.

보충 Tip such+a(an)+형용사+명사

such가 '이런' 혹은 '저런'의 뜻으로 쓰일 때 부정관사(a, an)은 such 뒤에 오고 그 뒤에 형용사+명사가 따라온다. **such**+**a(an)**+형용사+명사 = **so**+형용사+**a(an)**+명사가 되는 어순을 알아 두어야한다.

Ex. I have never seen **such a** tough guy.
= I have never seen **so** tough **a** guy.

(2) 명확한 '하나(one)'의 뜻으로 쓰일 때

① **A** bird in the hand is worth two in the bush.
  = **One** bird in the hand is worth two in the bush.
   (손 안에 든 한 마리의 새가 숲 속에 있는 새 두 마리의 가치가 있다.)
② Rome was not built in **a** day.
   (로마는 하루아침에 세워지지 않았다.)

(3) 어떤 종류 전체를 대표할 때

① **A dog** is a faithful animal.
  = **The dog** is a faithful animal.
  = **Dogs** are faithful animals.
   (개는 충실한 동물이다.)
② **A ruler** is used to measure things.
  = **The ruler** is used to measure things.
  = **Rulers** are used to measure things.
   (자는 물건을 측정하는데 쓰인다.)
   ＊ 관사 the 역시 어떤 종류 전체를 나타 낼 때 쓸 수 있다

(4) 같은, 동일한'(＝same)의 뜻으로 쓰일 때

이때 a, an은 '**of a**＋명사' 의 형태로 쓰여 '같은', '동일한' 의 의미가 된다.
① Birds **of a feather** flock together.
   (같은 깃털을 가진 새들은 함께 모인다.＝ 유유상종[類類相從])
② Joey and Daniel are **of an** age.
   (Joey와 Daniel은 같은 나이다.)

(5) '～마다, ～당'(＝per)의 뜻으로 쓰일 때

① She sees his picture three times **a** day.
   (그녀는 하루에 세 번 그의 사진을 본다.)
② He takes piano lessons once **a** week.

She sees his picture three times a day.

(그는 1주일에 한 차례 피아노 레슨을 받는다.)

(6) 'A 같은 B'의 뜻으로 쓰일 때

① He wanted **an** angel **of a** wife.

(그는 천사 같은 아내를 원했다.)

② She is **a** bear **of a** woman.

(그녀는 곰 같은 여자다.)

(7) 'A이면서 B인'의 뜻으로 쓰일 때

① **A poet and novelist** was present.

(시인이자 소설가인 한 사람이 참석했다.)

A poet and a novelist were present.

(한명의 시인과 한명의 소설가가 참석했다.)

② He is **a** high school student **and** comedian.

(그는 고등학생 이면서 동시에 코미디언이다)

(8) 접속사 and로 연결되어 있지만 의미상 한 가지 사물을 지칭할 때

① He bought **a watch and gold chain** for her.

(그는 그녀를 위해 황금 줄이 달린 시계를 구입했다.)

② Daniel likes **a bread and butter**.

(다니엘은 버터 바른 빵을 좋아한다))

A watch and gold chain

(9) ~라는 사람, ~같은 인물, ~가문의 사람, ~의 작품, ~제품 등의 뜻으로 쓰일 때

① ~라는 사람

A Mr X man is looking for you.

(X맨 이라는 남자가 당신을 찾고 있어요.)

② ~같은 인물

She is **an** Oprah Winfrey of Korea.

(그녀는 한국의 오프라 윈프리와 같은 사람이다.)

③ ~가문 출신

He is **a** Kennedy.

(그는 케네디 가문 출신이다.)

④ ~의 작품

When I went to his home, he was reading **a** Tolstoy.

(내가 그의 집에 갔을 때, 그는 톨스토이 작품을 읽고 있었다.)

⑤ ~제품

His dream of having **a** BMW has come true.

(BMW 자동차를 갖고 싶다는 그의 꿈이 이루어 졌다.)

02 정관사

(1) 앞에 나온 명사를 되풀이해서 말할 때

① He bought her a ring, and she lost **the** ring yesterday.

(그는 그녀에게 반지를 사주었고 그녀는 어제 그 반지를 잊어버렸다.)

② Hyun Bin picked up a wallet, and **the** wallet was Sam Soon's.

(현빈은 지갑을 주었는데 그 지갑은 삼순이의 것 이었다.)

(2) 무엇을 가리키는지 분명할 때

① Open **the** window. (창문을 열어 주세요.)

② Turn off **the** light. (불을 꺼주세요.)

(3) 최상급, 서수사, only, next, same이 명사와 함께 쓰일 때

① She is **the luckiest** woman in the world.

(그녀는 세상에서 가장 행운이 있는 여자이다.)

② He is **the only** survivor in the accident.

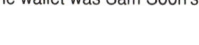

The wallet was Sam Soon's.

(그는 그 사고에서 유일한 생존자이다.)

③ When is **the next** bus?

(다음 버스는 언제 있습니까?)

④ I made **the same** mistake again.

(그는 똑같은 실수를 다시 저질렀다.)

(4) 단위를 나타낼 때

① The meat market sells meat **the** pound.

(정육점은 파운드 단위로 고기를 판매한다.)

② She is paid by **the** week.

(그녀는 주단위로 임금을 받는다.)

(5) 단 하나 밖에 존재하지 않는 사물의 이름 앞에

① The sun rises in **the** east.

(해는 동쪽에서 뜬다.)

② My dream is to travel around **the** world.

(내 꿈은 세계를 여행하는 것이다.)

(6) 종류나 종족 전체를 나타낼 때

① **The** dog is a faithful animal.

(개는 충성스러운 동물이다.)

② Who invented **the** computer?

(누가 컴퓨터를 발명했는가?)

(7) the+형용사=보통명사의 복수형

① **The** wise don't speak much.

(지혜로운 사람들은 말을 많이 하지 않는다.)

② **The** rich should help **the** poor.

(부자들은 가난한 사람들을 도와 주어야한다.)

보충 Tip) 정관사(The)를 붙이는 기타의 경우

① 산맥, 국가, 가족 명 등 복수형 고유명사에
  Ex. the Alps (알프스 산맥) the United States (미국)
    the Netherlands (네덜란드) the Kennedy (케네디 가문)

② 강, 해협, 운하, 바다, 사막 이름에
  Ex. the Nile (나일 강) the Mediterranean (지중해)
    the Suez Canal (수에즈운하) the Atlantic (대서양)
    the Sahara (사하라 사막)

③ 배, 열차 이름에
  Ex. the Titanic (타이타닉 호) the Saemaeol (새마을 호)

④ 공공건물, 기관 이름에
  Ex. the White House (백악관) the British Museum (영국 박물관)
   * 역, 공항, 항구, 공원 등의 이름에는 관사가 붙지 않는다.
  Ex. Seoul Station (서울역) Incheon Airport (인천공항)
    Disneyland Park (디즈니랜드공원)

샘 안마디!!

정관사(the)와 부정관사(a, an)의 사용법

정관사(the)와 부정관사(a, an)의 일반적으로 정관사는 '그' 혹은 '저'로 해석되며 가리키고 있는 대상이 분명할 때 사용한다. 그러나 부정관사의 경우 '어떤' 혹은 '하나의'라는 뜻으로 해석되며 가리키는 대상이 분명하지 않을 때 사용한다는 기본적인 사용법을 기억 해두자.

03 It의 특별 용법

1 가(짜)주어와 가(짜)목적어

작문에서 특히 많이 사용 되는 중요한 문법이며 의미상의 주어와 함께 사용 되는 방법을 꼭 익혀 두어야한다.

(1) 가주어 it

① **It** was impossible **for her to save them**.
　가(짜)주어　　　　　　　　　의미상 주어　　진(짜)주어
　　　　　　　　　　　　　　　(~가),(~이)　　(~은) (~는)

= **It** was impossible **that** she saved them.
　가주어　　　　　　　　　진(짜)주어(~것은)

(그녀가 그들을 구하는 것은 불가능 했다.)

> **보충 Tip** 가주어, 의미상 주어, 진주어
>
> ① 가(짜)주어 it은 진(짜)주어가 길 때 사용하며 별도의 의미를 가지지 않는다.
> ② 의미상 주어를 먼저 해석하고 진주어를 해석한다.
> ③ 의미상 주어는 (for + 목적어)가 된다.

② **It** is foolish **of you to behave so**.
　가주어　　　　　의미상 주어　　진주어
　　　　　　　　　(~가),(~이)　　(~은)

= **It** is foolish **that** you behave so.
　가주어　　　　　진주어(~은)

(네가 그렇게 행동하는 것은 바보스럽다.)

＊ foolish는 사람의 성격이나 특성을 나타내는 형용사이므로 의미상 주어는 of her가 된다.

보충 Tip 주의해야 할 의미상의 주어

의미상의 주어 앞에 사람의 성격이나 특성을 나타내는 형용사가 올 때, 의미상의 주어는 (**of**+목적어)를 사용한다.

Ex. kind(친절한), clever(영리한), shy(수줍어하는), foolish(바보 같은), good(착한), careful (조심스러운), careless(조심성 없는), etc.

(2) 가목적어 it

① I found **it** true **that she is a psycho**. [5형식]
　　　　　가목적어　　　　　진목적어(~것을)

(나는 그녀가 싸이코라는 것이 사실임을 알았다.)

* it = that she is a psycho

② I think **it** sentimental **to make a poem**. [5형식]
　　　　가목적어　　　　　　진목적어(~것을)

(나는 시를 적는 것을 낭만적이라고 생각한다)

* it = to make a poem

③ I made **it** a rule **to exercise every morning**. [5형식]
　　　　가목적어　　　　　　진목적어(~것을)

(나는 매일 아침 운동 하는 것을 규칙으로 만들었다.)

* it = to exercise every morning

보충 Tip 가목적어 it

① 가목적어 it은 진짜 목적어 대신에 사용된다.
② 목적어가 긴 문장에서 가목적어 it을 사용한다.
③ 가목적어는 가주어와 마찬가지로 해석을 하지 않는다.

2 It ~ that의 강조 구문

(1) It was **Min Ho that** helped her.
　　　　(=who)
　　(그녀를 도와주었던 사람은 바로 민호였다.)

(2) It was **Hye Bin that** I met at the Internet cafe.
　　　　(=whom)
　　(내가 그 PC 방에서 만났던 사람은 바로 혜빈이었다.)

(3) It was **the 1st of April that** I met her at first.
　　　　(=when)
　　(내가 그녀를 처음 만난 것은 4월 1일이 이었다.)

It was Hye Bin that I met at the Internet cafe.

보충 Tip it~ that 강조 구문

it~that 구문을 강조 용법으로 사용 할 때 it과 that 사이에는 강조 하고자 하는 명사 혹은 대명사를 넣는다.

10일 확인 문제

관사와 It의 특별 용법

문제 어법에 맞는 표현을 고르시오.

1. My father bought (a, an) new car.
2. I brought (a, an) orange.
3. We are of (an, the) age.
4. Our family go to the movies once (a, the) week.
5. She is (a, an) honest girl.
6. I have a puppy, (a, the) puppy is white.
7. (A, The) poor are not always unhappy.
8. (A, The) earth is being polluted.
9. It is impossible (for you, of you) to go out with her.
10. It is foolish (of you, for you) to do so

문제 밑줄 친 부분을 바르게 고치시오.

1. I have waited for him half a hour.
2. My father and mother are of the age.
3. My mother prays twice the day.
4. He is the student and singer.
5. I like the bread and jam.
6. She enjoys reading the Tolstoy.
7. Gyung Gyu is a funniest comedian.
8. I swear my love putting my hands on a Bible.
9. Can you play a piano?
10. It is clever for you to memorize so many English words.

문제 H 관사를 이용하여 다음 문장을 영어로 작문 하시오.

1. 지혜로운 사람들은 말을 조심한다.
2. 해는 동쪽에서 뜬다.
3. 그는 금줄 달린 시계를 가지고 있다.
4. 그녀는 가수이면서 모델이다.
5. 그 어린이들은 동갑내기이다.

10일 실전 문제
― 관사와 It의 특별 용법

유형 우리말에 적합하도록 다음 빈칸들을 채우시오.

1. The dog is a faithful animal.
   = _____ dog is a faithful animal.
   = Dogs are faithful animals.
   (개는 충성스러운 동물이다.)

2. They are all of _____ mind.
   (그들은 모두 같은 마음이다.)

3. They are of _____ age.
   (그들은 동갑이다.)

4. James, _____ poet and novelist instructed.
   (시인이면서 소설가인 James씨가 강의를 했다.)

5. _____ Edison are uncommon.
   (에디슨과 같은 사람은 드물다.)

6. Only two trains _____ day stop in this station.
   (이역에서 하루에 두 번 열차가 정거한다.)

7. Muslims pray five times _____ day.
   (회교도들은 하루에 다섯 번씩 기도를 한다.)

8. Wait half _____ hour.
    (30분만 기다려 주세요.)

9. _____ poet and a novelist are discussing.
    (한 시인과 한 소설가가 토론을 하고 있다.)

10. _____ old man came to see you.
    (어떤 노인이 당신을 보러왔다.)

11. _____ cat is white.
    (그 고양이는 흰색이다.)

12. _____ earth goes round _____ sum.
    (지구는 태양 주위를 돈다.)

13. _____ rich are not always happy.
    (부자들이 항상 행복한 것은 아니다.)

14. Would you please close _____ window?
    (창문을 닫아 주시겠습니까?)

15. _____ cat is a clever animal.
    = A cat is a clever animal.
    = Cats are a clever animals.
    (고양이는 영리한 동물이다.)

16. _____ books on the desk are mine.
    (책상위의 그 책들은 내 것이다.)

17. _____ world is changing.
    (세계는 변화하고 있다.)

18. We should respect _____ _____ .
    (우리는 노인들을 존경해야 한다.)

19. She is _____ prettiest in our class.
    (그녀는 우리 반에서 가장 예쁘다.)

20. Have you ever been to _____ White House?
    (당신은 백악관에 갔다 온 적이 있으세요?)

21. They had travelled by _____ Titanic.
    (그들은 타이타닉호로 여행을 했다.)

22. Where is _____ National Museum?
    (국립 박물관이 어디에 있습니까?)

23. He crossed _____ Pacific Ocean by his yacht.
    (그는 그의 보트로 태평양을 횡단했다.)

24. _____ is important to eat nutritious food.
    (영양가 있는 음식을 먹는 것은 중요하다.)

25. _____ is dangerous for drunk drivers _____ drive.
    (술 취한 운전자가 차를 운전하는 것은 위험하다.)

26. It is very difficult _____ _____ a high mountain.
    (높은 산을 오르는 것은 어렵다.)

27. It was wise _____ _____ to decide so.
    (당신이 그렇게 결정한 것은 지혜로웠습니다.)

28. It is frank _____ _____ to say so.
    (그가 그렇게 말하는 것은 솔직하다.)

29. It was necessary _____ _____ to help the old man.
    (그녀가 그 노인을 도와주는 것은 당연했다.)

30. It was strange _____ he got so angry.
    (그가 그렇게 화를 낸 것은 이상하다.)

31. It was yesterday _____ I met him.
    (내가 그를 만난 것은 어제였다.)

32. I find _____ difficult to read his handwriting.
    (나는 그의 글씨를 읽는 것이 어렵다는 것을 안다.)

33. I forget it _____ close the window.
    (나는 창문 닫는 것을 잊어버렸다.)

34. It was in the park _____ I saw you yesterday.
    (내가 어제 당신을 보았던 곳은 그 공원에서였다.)

35. She found _____ very difficult to get up early.
    (그녀는 일찍 일어나는 것이 어렵다는 것을 알았다.)

제11일 부정사(Infinitive)

- to+동사원형의 형태로 해석과 용법이 한가지로 정해져 있지 않기 때문에 부정사(不定詞)라고 한다. 해석에 따라
- 명사, 부사, 형용사적 용법으로 나눠진다. 실용 영어의
- speaking에서 매우 유용하게 사용되며 작문에서도 적절하게 사용 되어지는 중요한 문법이다.

01 부정사의 용법

(~것)으로 해석

(1) 주어로 사용

To tell a lie is a bad habit.
<u>　　　　　</u>
　주어

(거짓말 하는 것은 나쁜 습관이다.)

(2) 목적어로 사용

She wanted **to be** a model.
　　　　　　<u>　　　　</u>
　　　　　　　목적어

(그녀는 모델이 **되는 것을** 원했다.)

To tell a lie is a bad habit.

보충 Tip to 부정사를 목적어로 취하는 동사

want		(~하는 것을 원하다)
wish		(~하는 것을 바라다)
hope		(~하는 것을 희망하다)
expect		(~하는 것을 기대하다)
decide	+ to + 동사원형	(~하는 것을 결정하다)
promise		(~하는 것을 약속하다)
plan		(~하는 것을 계획하다)
forget		(~할 것을 잊어버리다)
remember		(~할 것을 기억하다)

(3) 보어로 사용

My dream is **to travel** all over the world.
　　　　　　　　　보어

(내 꿈은 전 세계를 여행하는 것 이다.)

부사적 용법

 (~하기 위해), (~해서), (~하다니)등으로 해석

(1) She did her best **to realize** her dream.
　　　　　　　　　　목적(~하기 위해)

(그녀는 그녀의 꿈을 실현하기 위해 최선을 다했다.)

(2) He should be lazy **to get up** late every morning.
　　　　　　　　　판단(~하다니)

(그가 매일 아침 늦게 일어나다니 게으름에 틀림없다.)

* 부정사의 부정은 부정사 앞에 not을 붙인다.

(3) I am glad **to meet** you.
　　　　　　　원인(~하게 되어)

(나는 너를 만나게 되어 기쁘다.)

(4) He worked hard only **to fail**.
　　　　　　　　　　　　결과

(그는 열심히 일했지만 결국 실패했다.)

* only to + 동사원형 : ~했으나 결국 ~하다

I am glad to meet you.

3 형용사적 용법

(~하는), (~할)으로 해석

(1) She has a boyfriend **to give** a chocolate on Saint Valentine's Day.
　　　　　　　　　　　　전해 줄

(그녀는 발렌타인데이에 초콜릿을 줄 남자친구가 있다.)

(2) I have something **to talk** to you.
　　　　　　　　　　이야기 할

(나는 너와 이야기 할 것이 있다)

 부정사의 형용사적 용법은 반드시 뒤에서 앞의 명사를 수식한다.

Ex. homework **to do** today(오늘 할 숙제)

　　　a formula **to memorize**(암기 할 공식)

02 부정사의 관용적 표현

1. 의문사+to 부정사

(1) I don't know **what to** say.
   = **what I should**
   (나는 무엇을 말해야만 할지 모르겠다.)

(2) Do you know **how to** drive a car?
   = **how you should**
   (너는 어떻게 자동차를 운전하는지 아니?)

(3) He didn't know **when to** start.
   = **when he should**
   (그는 언제 출발해야 하는지 몰랐다.)

Do you know how to drive a car?

2. enough to 부정사

[= so ~that 주어+can] : ~하기에 충분한(충분히)

He is rich **enough to** buy a BMW car.
= He is **so** rich **that** he **can** buy a BMW car.
   (그는 BMW자동차를 살 수 있을 정도로 부자이다.)

3. too ~ to 부정사

so ~that 주어+cannot : 너무 ~해서 ~할 수 없다.

They are **too** young **to** see the movie.
(그들은 너무 여려서 그 영화를 볼 수 없다.)
= They are **so** young **that** they **cannot** see the movie.
  (그들은 너무 어리다 **그러므로** 그 영화를 볼 수 없다.)

샘 안마디!!

so ~**that** 구문에서 **that**은 '~이므로,~이기 때문에'의 의미를 가진 접속사인 것을 알아두면 so that ~ 구문과 쉽게 구분 할 수 있다.

4. so as to 부정사

(=in order to+동사원형)

I will go to New Zealand **so as to** learn English.
= I will go to New Zealand **in order to** learn English.
= I will go to New Zealand **to** learn English.
= I will go to New Zealand **so that I (may)** learn English.
  (나는 영어를 배우기 위해 뉴질랜드로 갈 것이다.)

보충 Tip

so ~that과 so that~의 구별은 매우 중요하다.

* **so that + 주어 + may(혹은 can) : ~하기위해**
    Ex. I often use the internet site **so that** I (may) do my homework.
    = I often use the internet site **so as to** do my homework.
    = I often use the internet site **in order to** do my homework.
    (나는 숙제를 하기위해 종종 그 인터넷 사이트를 이용한다.)
    → so that 주어 + may(혹은 can)구문의 경우 may 혹은 can이 생략 되어 많이 사용된다.

* **so ~that + 주어 + can = enough to + 동사원형 : ~할 만큼 충분히~한**
* **so ~that + 주어 + can not = too~to : 너무~해서 ~할 수 없는**
    Ex. She is **so** clever **that** she **can** solve the problem.
    = She is clever **enough to** solve the problem.
    (그녀는 그 문제를 풀 수 있을 만큼 똑똑하다.)
    Ex. He was **so** shy **that** he could not talk to her.
    = He was **too** shy **to** talk to her.
    (그는 너무 수줍어 그녀에게 말을 할 수 없었다.)

03 독립 부정사

숙어처럼 사용된다.

(1) **To tell the truth**, I like her. (**사실대로 말하자면**, 나는 그녀를 좋아한다.)
(2) **To be frank**, he is a coward. (**솔직히 말해서**, 그는 겁쟁이다.)
(3) **To begin with**, you are too lazy. (**우선**, 너는 너무 게으르다.)
(4) **To be sure**, she is very charming. (**확실히** 그녀는 매우 매력적이다.)

04 원형 부정사

(1) I saw her **pray** at the church. (나는 그녀가 교회에서 기도하는 것을 보았다.)
(2) My mother made me **clean** home. (엄마는 나에게 집을 청소를 하도록 시켰다.)

보충 Tip 원형 부정사란?

동사원형이 부정사의 의미로 사용되어지는 것을 원형 부정사라고 하며 주로 5형식 문장에서 지각동사와 사역동사의 보어로 쓰인다.

05 대부정사

(1) You may go back if you want **to** (go back).
　　(돌아가고 싶으면 그렇게 해도 좋다.)

보충 Tip 대부정사 (代不定詞)란?

부정사 즉, 'to + 동사원형'의 형태에서 동사원형을 생략하고 to만 쓰는 것을 말하며 주로 구어체에서 흔히 쓰인다.

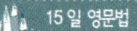

11일 확인 문제

부정사(Infinitive)

문제 A 어법에 맞는 표현을 고르시오.

1. I asked him (help , to help) me.
2. It is difficult for me (to do , doing) it.
3. It is too dark (to go, going) home alone.
4. My teacher told me (to not be late , not to be late).
5. I want (something cold , cold something).
6. I decided (breaking , to break) with her.
7. She tried (learning , to learn) how to bake.
8. I'll go to New Zealand (so as to , so to as) study English.
9. You should not forget (to go , going) there tomorrow.
10. I remember (to meet , meeting) her next week.

문제 B 밑줄 친 부분을 바르게 고치시오.

1. I found it interesting going to the resort park.
2. I have to do nothing tonight.
3. It is humble for him to say so.
4. I plan going to a movie this weekend.
5. It is necessary of me to speak English.
6. We saw him to enter the hospital.
7. My mum made me to clean my room.
8. You don't had better stay at home alone.
9. I expect him succeed.
10. Did you prepare necessary everything for your travel?

제 11 일 부정사(Infinitive)

문제 H 괄호안의 구문을 이용하여 영어 문장을 만드시오.
1. 그녀는 컴퓨터를 사용하는 방법을 모른다. (how to)
2. 그 애기는 너무 어려서 걸을 수가 없다. (too ~ to)
3. 당신이 그렇게 하는 것은 지혜롭다. (of you).
4. 나는 그 어린이가 영어 배우는 것에 흥미 있어 하는 것을 알았다. (it 가목적어)
5. 엄마는 나에게 늦게 잠들지 않도록 부탁하셨다. (not to + 동사원형)

11일 실전 문제

부정사(Infinitive)

유형 빈칸에 알맞은 말을 적으시오. (1~16)

1. Her hobby is _____ _____ .
   (그녀의 취미는 춤추는 것이다.)

2. I have something _____ _____ you.
   (당신에게 할 말이 있어요.)

3. Tell me what to do now.
   = Tell me what _____ _____ do now.
   (내가 지금 무엇을 해야 하는지 알려주세요.)

4. You are foolish _____ believe the rumour.
   (당신이 그 소문을 믿다니, 어리석군요.)

5. I am glad _____ know you.
   (당신을 알게 되어 기쁩니다.)

6. He went to the USA _____ meet his uncle.
   (그는 삼촌을 만나기 위해 미국에 갔다.)

7. I want you _____ come back.
   (나는 당신이 돌아오길 원해요.)

8. It was so kind of you _____ help such a thing.
   (당신이 그런 일을 도와주다니, 참 친절하군요.)

155

9. He grew up _____ _____ a brave soldier.
   (그는 자라나서 용감한 군인이 되었다.)
10. My mother will forget _____ _____ the gas valve again.
    (엄마는 또 가스 잠그는 것을 잊어버리실 거야.)
11. He stopped _____ _____ on the corner.
    (그는 담배를 피우기 위해 코너에서 멈춰 섰다.)
12. She went to Austrailia to learn English.
    = She went to Austrailia so as to learn English.
    = She went to Austrailia _____ _____ _____ learn English.
    = She went to Austrailia _____ _____ she might learn English.
    (그녀는 영어를 배우기 위해 호주에 갔다.)
13. They are _____ young _____ see the movie.
    = They are so young that they cant see the movie.
    (그들은 너무 어려서 그 영화를 볼 수 없다.)
14. Do you know how _____ drive a car?
    = Do you know how you should drive a car?
    (당신은 어떻게 자동차를 운전하는지 아십니까?)
15. He is rich enough to buy a BMW car.
    = He is _____ rich _____ he can buy a BMW car.
    (그는 BMW자동차를 살 수 있을 정도로 부자이다.)
16. _____ _____ _____ _____ , Sam Sik loves Sam Soon.
    (사실대로 말하면 삼식이는 삼순이를 사랑한다.)

빈칸에 알맞은 것을 고르시오. (17~20)

17. Do you remember (meeting, to meet) me last year?
18. You should not forget (to do, doing) it tomorrow.
19. I told her (not to go, to not go) there alone.
20. He wasn't (strong enough, enough strong) to walk five miles everyday.

동명사 (Gerund)

동사원형에 '~ing'가 붙어 동사가 명사적 의미로 사용되는 것을 동명사라고 한다. 주로 '~하는 것'으로 해석 된다.

01 동명사의 용법

(1) **Walking** is good for your health.
　　주어

　(걷는 것은 당신의 건강에 좋다.)

　* be good for : ~에 좋다

Walking is good for your health.

(1) He enjoys **playing** the piano.
　　　　　　　　목적어

　(그는 피아노 연주하는 것을 즐긴다.)

보충 Tip 동명사를 목적어로 취하는 동사

enjoy	(~하는 것을 즐기다)
stop	(~하는 것을 멈추다)
finish	(~하는 것을 끝마치다)
mind + ing	(~하는 것을 꺼려하다)
give up	(~하는 것을 포기하다)
avoid	(~하는 것을 피하다)
practice	(~하는 것을 연습하다)
remember	(과거에~했던 것을 기억하다)
forget	(과거에~했던 것을 잊어버리다)

(2) He **remembers** contract**ing** with her.
                  목적어
(그는 그녀와 계약**했던 것을** 기억한다)

보충 Tip remember+동명사와 remember+부정사의 차이

* **remember~ing** : (과거에~했던 것을)기억하다.
* **remember to**+동사원형 : (미래에~할 것을)기억하다.
   Ex. Please, remember to attend the seminar tomorrow.
      (내일 그 세미나에 **참석할 것을** 기억하세요.)
      I remember meeting her once.
      (나는 그녀를 한번 **만났던 것을** 기억한다.)

(3) I **forgot** promis**ing** her last year.
                목적어
(나는 작년에 그녀와 약속 **했던 것을** 잊어버렸다.)

제 12 일 동명사(Gerund)

보충 Tip forget+동명사, forger+부정사

* **forget ~ing** : (과거에~했던 것을) 잊어버리다.
* **forget to**+동사원형 : (미래에~할 것을) 잊어버리다.
  Ex. I forgot to meet her this evening.
     (나는 오늘 저녁 그녀를 만날 것을 잊어버렸다.)

(4) My older brother **stopped smoking**.
   (나의 형은 담배를 끊었다.)

보충 Tip stop+동명사, stop+부정사

* **stop**+동명사 : ~하는 것을 그만두다, 하는 것을 막다.
* **stop to**+동사원형 : ~하기위해 멈춰서다.
  Ex. He stopped to smoke.
     (그는 담배 피우기 위해 멈추어 섰다.)
     He stopped gambling.
     (그는 도박을 끊었다.)

3 보어로 사용

My hobby is **skiing**. (내 취미는 스키 타는 것 이다.)
　　　　　　　보어

02 동명사와 부정사의 비교

 동명사와 부정사 둘 다 목적어로 취하는 동사

⑴ She began **to weep**. = She began **weeping**.
   (그녀는 눈물을 흘리기 시작했다.)
⑵ I like **to play** soccer. = I like **playing** soccer.
   (나는 축구 하는 것을 좋아한다.)

보충 Tip 동명사와 부정사 둘 다 목적어로 취하는 동사

동명사 혹은 부정사만을 목적어로 취하는 동사들을 제외한 동사(love, begin, continue, start, like, hate 등등)는 동명사와 부정사 둘 다 목적어로 취할 수 있다.
Ex. I love **to play** computer games.
 = I love **playing** computer games.
   (나는 컴퓨터 게임하는 것을 좋아한다.)

 명사와 부정사를 목적어로 쓸 때 의미가 달라지는 동사

⑴ I remember **saying** so. (나는 그렇게 말 한 것을 기억한다.)
   I remember **to say** so. (나는 그렇게 말 할 것을 기억한다.)

(2) Don't forget **depositing** the bag. (그 가방을 맡겨두었던 것을 잊지 마세요.)
　　Don't forget **to deposit** the bag. (그 가방을 맡기는 것을 잊지 마세요.)
(3) They stopped **talking**. (그들은 대화를 멈추었다.)
　　They stopped **to talk**. (그들은 대화를 하기위해 걸음을 멈추었다.)
(4) She tried **doing** it. (그녀는 시험 삼아 그것을 해 보았다.)
　　She tried **to do** it. (그녀는 그것을 해 보려고 노력했다.)

03 동명사의 관용적 표현

숙어처럼 암기해야한다

a. It is no use~ing : ~하는 것은 소용없다
　It is no use repenting after making a mistake.
　(실수 한 후 후회하는 것은 소용없다)

b. go~ing : ~하러가다.
　They often **go shopping**.
　(그들은 종종 쇼핑하러간다)

c. keep + 목적어 + from~ing : ~가~하는 것을 막다
　His mother **kept** him **from going** out.
　(그의 엄마는 그가 외출하는 것을 막았다.)
　　* keep + 목적어 + from~ing = prevent + 목적어 + from~ing

They often go shopping.

d. go on ~ing : 계속해서 ~하다.
　Sam Soon **went on** cry**ing** for 5 hours.
　(삼순이는 5시간 동안 계속 울었다.)

＊ go on ~ing = keep on ~ing

e. There is no~ing : ~하는 것은 불가능하다.
There is no going back to the past.
(과거로 돌아가는 것은 불가능하다.)

f. be worth~ing : ~할 가치가 있다.
The movie **is worth** watch**ing** twice.
(그 영화는 두 번 볼만한 가치가 있다.)

g. how about ~ing : ~하는 게 어때요?
How about go**ing** with me?
(나와 함께 가는 게 어때요?)

h. feel like ~ing : ~하고 싶다
I **feel like** rid**ing** the white horse.
(나는 저 하얀색 말을 타보고 싶다.)
＊ feel like~ing = would like to + 동사원형 = want to + 동사원형

i. on~ing : ~하자마자 곧
On hear**ing** the news, she began to cry.
= **As soon as** she heard the news, she began to cry.
(그 소식을 듣자마자 그녀는 울기 시작했다.)
＊ on ~ing = as soon as

j. be busy~ing : ~하느라 바쁘다.
She **is busy dating** with Min Ho.
(그녀는 민호와 데이트 하느라 바쁘다.)

She is busy dating with Min Ho.

k. far from ~ing : 결코 ~않는
   The teacher is **far from** us**ing** violence.
   (그 선생님은 결코 폭력을 사용하지 않는다.)
   * far from ~ing = never

l. look forward to ~ing : ~것을 고대하다
   I **look forward to** meet**ing** her on the way to school.
   (나는 학교 가는 길에 그녀를 만나길 고대한다.)

m. come near ~ing : 거의~할 뻔하다
   He **came near** drown**ing** in his childhood.
   (그는 어린 시절 거의 물에 빠져 죽을 뻔 했다.)

n. be used to~ing : ~하는 것에 익숙하다
   He **is used to** tak**ing** care of his niece.
   (그는 그의 조카를 돌보는 것에 익숙하다.)
   * be used to~ing = get used to~ing

12일 확인 문제

동명사(Gerund)

문제 어법에 맞는 표현을 고르시오.

1. I have to finish (to do , doing) homework.
2. My uncle stopped (to smoke , smoking) last year.
3. I remember (to see , seeing) you two years ago.
4. I remember (to meet , meeting) you tomorrow.
5. Soldiers get used to (handle , handling) their guns.
6. You should not forget (to return , returning) the CD to me tomorrow.
7. Without (to talk , talking) to me, you may go.
8. Thank you for (inviting , invite) me.
9. They are looking forward to (play , playing) tennis with me.
10. I spent much time (to play , playing) the guitar today.

문제 밑줄 친 부분을 바르게 고치시오.

1. He stopped smoking on the corner.
2. My mother forgot to promise me last week.
3. I remember attending the ceremony tomorrow.
4. He forgot to meet her two years ago.
5. She gave up to study English.
6. The wife kept her husband from to smoke.
7. Thank you for help me.
8. She is looking forward to go to the movies with you.
9. Do you remember to send me an e-mail six months ago?
10. My father stopped to drink last month.

제 12 일 동명사(Gerund)

문제   동명사를 이용하여 영어로 작문하시오.

1. 그를 도와주는 것은 소용이 없다.
2. 경림이와 사귀는 것은 불가능하다.
3. 우리는 너를 만나길 고대하고 있다.
4. 그 영화는 두 번 볼만한 가치가 있다.
5. 나와 함께 그곳에 가는 것이 어떻겠니?

12일 실전 문제

─ 관사와 It의 특별 용법

유형 우리말에 맞게 빈칸에 알맞은 말을 쓰시오. (1~20)

1. He'll never forget _____ the president.
   (그는 대통령에게 전화했던 것을 결코 잊지 못할 것이다.)
2. How about _____ to the movies?
   (영화 보러 가는 게 어때요?)
3. _____ _____ _____ persuading him.
   (그를 설득하는 것은 불가능 하다.)
4. It _____ _____ _____ repenting after making mistakes.
   (실수한 후에 후회 하는 것은 소용없다.)
5. Would you go _____?
   (쇼핑하러 가실 겁니까?)
6. They stopped _____.
   (그들은 토론 하는 것을 멈췄다.)
7. I don't feel like _____.
   (나는 여행을 하고 싶은 생각이 없다.)
8. Please finish _____.
   (제발 노래하는 것을 끝내주세요.)

9. My grandmother gave up _____ a car.
   (우리 할머니는 자동차 운전하는 것을 포기하셨다.)
10. Do you mind _____ such a job?
    (당신은 그런 일을 하길 꺼리세요?)
11. My older brother went _____ _____ computer games all night.
    (우리 형은 밤새도록 컴퓨터 게임을 계속했다.)
12. Hee Jin is looking forward to _____ Sam Sik soon.
    (희진은 곧 삼식이를 만날 것을 고대하고 있다.)
13. My uncle is used to _____ alone.
    (우리 삼촌은 혼자 사는 것에 익숙하다.)
14. The book is worth _____ a few times.
    (그 책은 몇 번 읽을 만한 가치가있다.)
15. On seeing me, the robber ran away.
    = _____ _____ _____ he saw me, the robber ran away.
    (나를 보자마자 그 강도는 도망쳤다.)
16. My mother _____ _____ _____ .
    (우리 엄마는 요리하느라 바쁘다.)
17. Daniel is far _____ _____ a lie.
    (다니엘은 결코 거짓말 하지 않는다.)
18. I kept Hee jin from _____ to the USA.
    (나는 희진이가 미국에 가는 것을 막았다.)
19. The baby _____ _____ drowning.
    (그 애기는 거의 익사 할 뻔 했다.)
20. It _____ _____ saying that knowledge is power.
    (지식이 힘이라는 것은 말할 필요가 없다.)

유형 문장에서 틀린 부분을 찾아 고치시오. (21~25)

21. I felt like cry at the miserable news.
22. I remember to see his mother before.

23. She is busy to cook dinner.
24. The students are used to walk to school.
25. I object to be treated like that.

다음문장을 동명사를 이용하여 단문으로 바꾸어 쓰시오. (26~30)

26. She is ashamed that her father is poor.
    → _____.

27. They insisted that he should pay the money.
    → _____.

28. As soon as he received the e-mail, he wrote the reply.
    → _____.

29. She complained that she had not been treated fairly.
    → _____.

30. It is impossible to account for tastes.
    → _____.

1일~12일 누적테스트

빈칸에 알맞은 것을 고르시오. (1~3)

1. Mr John showed _____ many pictures of New Zealand.
   ① to me ② to ③ that ④ me

2. You should know how to change a tire on your car _____ you can face with an emergency situation when you drive.
   ① when ② therefore ③ so that ④ while

3. The tourists wonder how long ago this beautiful cathedral _____.
   ① was built ② has been built ③ has built ④ be built

유형 두 문장이 같은 뜻이 되도록 빈칸을 채우시오. (4~6)

4. They are so ignorant that they can't read the newspaper.
   = They are _____ ignorant _____ read the newspaper.
   ① too, to   ② so, that   ③ so, to   ④ too, that

5. The Korean government sent for soldiers in Iraq so that it could help America.
   = The Korean government sent for soldiers in Iraq _____ help America.
   ① so as to   ② in as to   ③ as to   ④ so to

6. It is so wise that you speak carefully.
   = It is so wise _____ _____ to speak carefully.
   ① for you   ② of you   ③ to you   ④ by you

유형 틀린 문장을 고르시오. (7~10)

7. ① A poet and doctor are playing the guitar.
   ② A soccer team is composed of eleven players.
   ③ It is difficult for me to solve the question.
   ④ I think it cruel to kill dogs.

8. ① It was kind of you to help her.
   ② The sun rises in east.
   ③ He is of honesty.
   ④ She is the luckiest girl that I know.

9. ① He was too old to work.
   ② To tell the truth, I love you.
   ③ A basketball team is consisted of five players.
   ④ I was pleased with her e-mail.

10. ① It is no use regretting after making a crime

    ② I cannot forget to see her at a party.

    ③ He was about to sleep.

    ④ Korean started developing economically in 1970s.

유형 어법에 맞지 않는 것을 고르시오. (11~15)

11. I am looking forward ①to meet her again ②whom I saw at the theater yesterday ③which was crowded ④with audiences.

12. After ①stopping ②debating, it was difficult ③of them ④to negotiate each other.

13. More and more Americans are planning ①to try ②stopping ③smoking because they are afraid that it ④may be harmful to their health.

14. He ①has finished ②doing ③everything urgent 1 hour ago. Don't keep him from ④taking his break.

15. ①Some of my friends ②are from Latin America, ③others are from Europe, and ④rest are from Asia.

유형 빈칸에 들어갈 알맞은 말을 고르시오. (16~20)

16. A : Did she go to Japan?

    B : No, she finally _____.

    ① decided not   ② decided not to go

    ③ decide not going   ④ did not decide to go

17. He told the child to stop _____.

    ① crying   ② to cry   ③ for crying   ④ in crying

18. Are you looking forward to _____ her again?

    ① meet   ② meeting   ③ have met   ④ be meeting.

19. What _____ pretty girl she is!

    ① is   ② a   ③ the   ④ of

20. They sell pork _____.

    ① by pound   ② by pounds   ③ in pound   ④ by the pound.

제13일 형용사(Adjective)의 비교 변화

01 형용사의 변화

(1) 규칙변화

기본 원칙	원급	비교급(더 ~한)	최상급(가장 ~한)
일반적으로 원급에 -er, -est를 붙임	young	younger	youngest
	high	higher	highest
-e로 끝나는 경우에는 -r, -st를 붙임	large	larger	largest
	wise	wiser	wisest
「단모음+단자음」으로 끝나는 경우에는 자음을 하나 더 쓰고 -er, -est를 붙임	big	bigger	biggest
	thin	thinner	thinnest
	hot	hotter	hottest
「자음+y」로 끝나는 경우에는 y를 -i로 고치고 -er, -est를 붙임	easy	easier	easiest
	early	earlier	earliest
	pretty	prettier	prettiest
2음절 혹은 3음절 이상의 긴 형용사의 경우	beautiful	more beautiful	most beautiful
	famous	more famous	most famous
	useful	more useful	most useful

(2) 불규칙 변화

비교의 규칙에 따르지 않고 불규칙적으로 변화하는 경우이다.

원급		비교급(더 ~한)	최상급(가장 ~한)
good	좋은, 건강한	better	best
(well)	잘		
bad	나쁜	worse	worst
(ill)	아픈, 나쁘게		
many	수가 많은	more	most
(much)	양이 많은		
little	양이 적은	less	least
old	(나이) 나이 먹은, 늙은	older	oldest
	(형제자매순서)	elder 손위의	eldest 제일 손위의
far	(거리) 먼; 멀리	farther	farthest
	(정도) 더욱; 한층 더한	further	furthest
late	(시간) 늦은; 늦게	later 더 늦은	latest 최근의
	(순서) 늦은; 늦게	latter 후자의	last 마지막의

02 원급과 비교급

1. 원급을 이용한 비교 구문

(1) as ~as 구문 : ~만큼 ~한

She speaks English **as** fluent **as** I (do).
(그녀는 나만큼 영어를 유창하게 말한다.)

보충 Tip

She speaks English as fluent as **I**.
= She speaks English as fluent as **me**.
= She speaks English as fluent as **I do**.

I am as fast as **he**.
= I am as fast as **him**.
= I am as fast as **he is**.

(2) not as ~as 구문 : ~만큼 ~하지 않은
She is **not as** slim **as her mother**.
(그녀는 그녀의 엄마만큼 날씬하지 않다.)

She is not as slim as her mother.

보충 Tip not so~as

not so~as는 not as~as와 같은 의미로 '~만큼~하지 않는'으로 해석되며 부정문에서만 사용된다.
Ex. David is **not so** strong **as** Joey.
= David is **not as** strong **as** Joey.

(3) as ~ as possible (=as ~ as+주어+can) : 가능한 ~하게
Hurry up **as** fast **as possible**.
= Hurry up **as** fast **as you can**.
(가능한 한 빨리 서둘러라.)

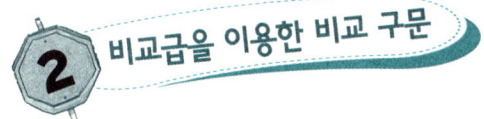

2 비교급을 이용한 비교 구문

(1) 형용사(혹은 부사)의 비교급+than : …보다 더 ~한(하게)
   The old are **wiser than** the young.
   (노인들은 젊은이들 보다 더 지혜롭다.)
   * the + 형용사 = 복수보통명사
   Ex. the poor : 가난한 사람들
        the rich : 부자들

Hurry up as fast as possible.

(2) less+형용사(혹은 부사)의 원급+than : ~보다 덜 ~한(하게)
   Cathy is **less** smart than Anna. (Cathy는 Anna보다 덜 영리하다.)
   = Anna is smarter than Cathy. (Anna는 Cathy보다 더 영리하다.)

(3) the+비교급~, the+비교급~ : ~할수록 점점 더 ~한(하게)
   a. **The more**, **the better**. (많으면 많을수록 더 좋다.)
   b. **The higher** we climb, **the colder** it becomes.
      (우리가 위로 올라가면 갈수록 더 추워진다.)

(4) 비교급의 의미를 강조하는 부사 : even, still, far, much,
    a lot은 비교급을 강조하며 '훨씬'의 뜻으로 해석한다.
    Women are **even more** sentimental than men.
    (여성들은 남성들보다 훨씬 더 감성적이다.)

보충 Tip 비교급을 강조할 수 없는 부사 very

very는 비교급이 아닌 형용사의 원급만을 수식한다.
Ex. This is **even** (still, far, much, a lot) better than that. (○)
    This is **very** better than that. (×)

Women are even more sentimental than men.

(5) 동일한 인물(혹은 사물)의 성질 비교

She is **more** plump **than** fat.

(그녀는 뚱뚱하다기 보다는 통통하다.)

* more **A** than **B** : **B**라기 보다는 **A**인

3 최상급을 이용한 비교 구문

She is **the most** bizarre lady in the world.

(그녀는 세상에서 가장 엽기적인 숙녀이다.)

= **No other** lady in the world is **as** bizarre **as** she.

= **No other** lady in the world is **more** bizarre **than** she.

= She is **more** bizarre **than any other** lady in the world.

= She is **the most** bizarre **of all** the ladies in the world.

* 원급과 비교급으로 최상급을 표현 할 수도 있다.

The most bizarre lady in the world.

4 주의해야 할 관용적 표현

(1) **Most of** Korean students are good at computers.

(대부분의 한국학생들은 컴퓨터에 능숙하다.)

* most (of)~ : 대부분의

(2) She is **not** a girl **any longer**. = She is a girl **no longer**.

(그녀는 더 이상 소녀가 아니다.)

* not ~any longer = no longer : 더 이상 ~않는

(3) She is **not** a girl **any more**.
= She is a girl **no more**. (그녀는 더 이상 소녀가 아니다.)

* not ~any more = no more : 더 이상 ~않는
* not ~any longer = no longer : 더 이상 ~않는

(4) I kissed her three times **at most**.
(나는 기껏해야 그녀와 세 번 키스를 했다.)

* at most : 기껏해야 = at best

She is not a girl any longer.

(5) They kissed **at least** for 5 minutes.
(그들은 최소한 5분 동안 키스를 했다.)

* at least : 최소한

원급으로도 비교급을 표현할 수 있다.
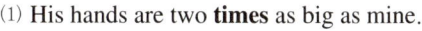

(1) His hands are two **times** as big as mine.
(그의 손은 나보다 두 배 더 크다.)

* times as~as : 몇 배 더 ~한

(2) I **prefer** pears **to** apples.
(나는 사과보다 배를 더 좋아한다.)

* prefer A to B : B보다A를 더 ~좋아하다

(3) His computer is **superior to** mine.
(그의 컴퓨터는 나의 것 보다 더 우수하다.)

* superior(inferior) to : ~보다 우월(열등)한

13일 확인 문제

형용사(Adective)의 비교 변화

문제 A A. 어법에 맞는 표현을 고르시오.
1. Ho Dong is the (stronger, strongest) person of Korean entertainers.
2. Which is (more difficult, most difficult) this book or that one?
3. My brother's MP3 player is (good, better) than mine.
4. He is as (tall, taller) as his father.
5. I prefer English (to, than) Japanese.
6. Eric is (very, much) more handsome than Ho Dong.
7. There are a (few, little) children on the ground.
8. Jun Gi is (very, even) younger than Seong Jin.
9. Which is (big, bigger) this or that?
10. The higher we climb, the (cold, colder) it gets.

문제 B 밑줄 친 부분을 바르게 고치시오.
1. This car is twice as bigger as the car.
2. Who is stronger, you and him?
3. My father is one year old than my mother.
4. Would you tell me helpful something ?
5. Finish your homework as soon so possible.
6. A cow is usefuler than a horse.
7. Chae Yeon is very prettier than Gyung Lim.
8. I thought she looked sadly .
9. Sam Sik is little old than Sam Soon.
10. He entered a graduate school for farther study.

문제 C 빈칸을 채워 두 문장을 같은 뜻으로 만드시오.
1. He is not a foolish country boy any more.
   = He is a foolish country boy ＿＿＿＿ ＿＿＿＿ .

2. Hyung Don is fatter than Ho Dong.
   = Ho Dong is _____ fatter than Hyung Don.
3. She is the most bizarre of all students.
   = She is _____ bizarre than any student.
4. I try to get up as early as possible.
   = I try to get up as early as _____ _____.
5. He studied as hard as possible.
   = He studied as hard as _____ _____.

13일 실전 문제 — 형용사(Adective)의 비교 변화

유형 우리말에 맞게 빈칸에 알맞은 말을 쓰시오.

1. Daniel runs much _____ than Tom does.
   (Daniel은 Tom보다 훨씬 빨리 달린다.)
2. The more, the _____.
   (많으면 많을수록 더 좋다.)
3. The higher we go up, the _____ it becomes.
   (높이 올라가면 갈수록 점점 더 춥다.)
4. Sam Sik is _____ than Daniel.
   = Daniel is _____ than Sam Sik.
   = Daniel is less rich than Saim Sik.
   (삼식이는 Daniel 보다 더 부자다.)
5. Hee Jin is _____ tall _____ Min Ji.
   (희진이는 민지만큼 키가 크다.)
6. Hyun Bin is _____ than Sam Soon.
   = Hyun Bin is _____ old than Sam Soon.
   (현빈은 삼순이보다 어리다.)

7. Hee Jin is _____ than Sam Soon.
   (희진이는 삼순이보다 더 예쁘다.)
8. What is the _____ important thing in our life?
   (우리 삶에서 가장 중요한 것은 무엇입니까?)
9. This is the one of the _____ rivers in the world.
   (이것은 세상에서 가장 긴 강 가운데 하나다.)
10. What is the _____ month of the year?
    (일 년 중 가장 더운 달은 언제 입니까?)
11. Come back _____ soon _____ possible.
    (가능한 빨리 돌아오세요.)
12. Sam Soon eats twice as much as Hee Jin does.
    = Sam Soon two eats _____ as much as Hee Jin does.
    (삼순이는 희진이보다 두 배나 더 많이 먹는다.)
13. She has _____ _____ friends.
    (그녀는 친구가 몇 명이 있다.)
14. She has _____ friends.
    (그녀는 친구가 거의 없다.)
15. I have _____ _____ pocket money.
    (나는 용돈이 조금 있다.)
16. I have _____ pocket money.
    (나는 용돈이 거의 없다.)
17. They kissed _____ _____ for 5 minutes.
    (그들은 최소한 5분 동안 키스를 했다.)
18. She is _____ a girl _____ _____.
    = She is a girl no longer.
    (그녀는 더 이상 소녀가 아니다.)
19. She prefers movies _____ novels.
    (그녀는 소설보다 영화를 더 좋아한다.)
20. China is twenty _____ as large as Japan.
    (중국은 일본보다 20배 더 크다.)

제14일 일치와 화법(Agreement & Narration)

> 문장의 주인 절(주절)이 과거 이면 종속절은 과거, 과거진행, 과거 완료가 와야 하는데 이 원칙을 시제의 일치 라고 한다.

01 시제의 일치

주절의 동사의 시제가 과거일 경우 주의 깊게 시제의 일치를 살펴 보아야한다.

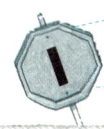

주절의 시제가 과거일 때

I thought
주절 : 과거

    she **is** bizarre . (×) (그녀는 엽기적 이다.)
    she **was** bizarre . (○) (그녀는 엽기적 이었다.)
    she **had been** bizarre . (○) (그녀는 엽기적 이었었다.)
          종속절

* 절의 시제가 **과거**일 때 종속절은 **과거, 과거진행, 과거완료** 시제만 가능하다. 이것을 **시제의 일치** 라고한다.

2 주절의 시제가 현재일 때

She says that
주절 : 현재

(Ⅰ) she will live in Daegu. (미래)
(그녀는 대구에서 살 거라고 말한다.)

(Ⅱ) she lives in Daegu. (현재)
(그녀는 대구에서 산다고 말한다.)

(Ⅲ) she lived in Daegu. (과거)
(그녀는 대구에서 살았다고 말한다.)

(Ⅳ) she has lived in Daegu. (현재완료)
(그녀는 대구에서 살아오고 있다고 말한다.)

(Ⅴ) she had lived in Daegu. (과거완료)
(그녀는 대구에서 살았었다고 말한다.)

(Ⅵ) she will have lived in Daegu. (미래완료)
(그녀는 대구에서 살고 있을 거라고 말한다.)

3 주의해야할 시제의 일치

충고(**advise**), 제안(**suggest, propose**), 주장(**insist**), 명령(**order, command**), 요구(**demand**)를 나타내는 동사가 주절에 있으면 종속절에는 **should**가 **생략** 되어 있음을 기억해야 한다.

① He **insisted** that she **(should)** marry him.
(그는 그녀가 그와 결혼 해야만 한다고 주장했다.)

② She **advised** that he **(should)** care for his niece.

(그녀는 그가 그의 조카를 돌보아야만 한다고 충고했다.)

보충 Tip) 종속절에 should를 수반하는 동사

충고(**advise**), 제안(**suggest, propose**), 주장(**insist**), 명령(**order, command**), 요구(**demand**)를 나타내는 동사들은 말하는 사람의 의지를 표현하는 단어들이므로 종속절에 should가 생략되어있다.

Ex. The general ordered that his army (should) fight against the enemy bravely.
(그 장군은 그의 군대가 적들과 용감하게 싸울 것을 명령했다.)

시제의 일치 예외

습관, 진리, 속담, 격언을 나타낼 때 : 습관과 진리는 지금 현재까지도 동일하게 계속 되고 있는 것이며 또 속담과 격언은 변화될 수 없는 문장이므로 주절의 시제와 관계없 이 종속절의 동사는 현재형을 쓴다.

(1) 현재의 습관을 나타내는 경우

① She **told** me that she **gets** up at six in the morning.
(그녀는 아침 6시에 일어난다고 나에게 말했다.)

② She **said** that she **goes** to church every Sunday.
(그녀는 일요일마다 교회에 간다고 말했다.)

(2) 진리를 나타내는 경우

① The children **learned** that the earth **is** round.
(그 어린이들은 지구가 둥글다는 것을 배웠다.)

② She **taught** that light **travels** faster than sound.
(그녀는 빛이 소리보다 더 빨리 진행한다고 가르쳤다.)

The earth is round.

(3) 속담이나 격언을 나타낼 때

① Our teacher **told** us that the early bird **catches** the worm.
(우리 선생님은 일찍 일어나는 새가 벌레를 잡는다고 말했다.)
② He often **told** us that honesty **is** the best policy.
(그는 종종 정직이 최선의 방책이라고 말했다.)
* 속담이나 격언을 나타낼 때 주절의 시제와 상관없이 항상 현재 시제를 쓴다.

(4) 역사적 사실

① Do you know that Columbus **discovered** America in 1492?
(콜럼버스가 1492년에 미국을 발견 했다는 것을 아세요?)
* 역사적 사실은 과거의 사건을 묘사하고 있는 것이므로 주절의 시제와 상관없이 항상 과거 시제로 표현한다.

샘 안마디!!

시제의 일치는 비교적 간단한 내용 이지만 한국 학생들이 영어 작문을 할 때 많이 실수하는 대표적인 문법 가운데 하나이며 TOEIC과 TOEFL 시험 등에서 자주 출제되는 문제들이다.

02 주어와 동사의 일치

(1) A black and a white dog **are** running.
(검은 개 한 마리와 흰 개 한 마리가 달려가고 있다.)
(2) A black and white dog **is** running.
(검고 흰 얼룩 개 한 마리가 달려가고 있다.)
(3) **Either** you **or** he **has** to do the work.
(너와 그 둘 중 한 사람은 그 일을 해야만 한다.)

* Either A or B : A, B 둘 중 하나는 ~ 하는 (동사는 B와 일치)

(4) **Neither** you **nor** I **am** talkative.

(너는 물론 나도 말을 많이 하지 않는다.)

* Neither A nor B : A, B 둘 다 ~ 하지 않는 (동사는 B와 일치)

(5) **Not only** he **but (also)** you are right.

(그는 물론 당신도 옳습니다.)

* Not only A but (also) B : A뿐만 아니라 B도 (B를 강조하므로 동사는 B와 일치)

(6) You **as well as** he are right.

(그는 물론 당신도 옳습니다.)

* A as well as B : B뿐만 아니라 A도 (A를 강조하므로 동사는 A와 일치)

(7) **Every** boy and girl **has** to be healthy.

(모든 소년, 소녀는 건강해야한다.)

* Every는 단수취급

(8) **Each of** them **has** good talents.

(그들 각각은 훌륭한 재능을 가지고 있다.)

* Each of ~ : 단수취급

(9) Five miles **is** proper to walk.

(5마일은 걷기에 적당하다.)

* Five miles : 형식은 복수이지만, 내용상 단수로취급

03 화법

화법은 다른 사람이 한 말을 그대로 전달하는 직접화법과 다른 사람이 한 말의 내용을 전달하는 간접화법이 있다.

(직접화법 → 간접화법)

평서문의 화법에서 say → say, say to → tell(~에게 말하다), said to → told(~에게 말했다)로 바꿔준다. 접속사 that을 사용할 때 반드시 **시제의 일치**를 적용해야 한다.

(1) He **said**, "My brother **takes after** Ho-Bbang Man."
(그는 "나의 남동생은 호빵맨을 닮았다."라고 말했다.)

→ He **said** (that) his brother **took after** Ho-Bbang Man.
(그는 그의 남동생이 호빵맨을 닮았다고 말했다.)

* take after : ~를 닮다.(= resemble)

(2) Da Hee **said to** me, "My father **was** an entertainer."
(다희는 나에게 "그녀의 아버지는 연예인이었다."라고 말했다.)

→ Da Hee **told** me (that) her father **had been** an entertainer.
(다희는 그녀의 아빠가 연예인이었다고 말했다.)

* 다희의 아빠가 연예인이었던 것은 그녀가 말했던 시점보다 더 과거 이므로 was(과거)를 had been(과거완료)로 바꿔준다.

제 14 일 일치와 화법(Agreement&Narration)

2 의문문의 화법

(직접화법 → 간접화법)

의문문의 화법에서 **say to → ask**(~에게 물어보다) **said to → asked**(~에게 물었다)로 바꿔준다.

(1) 의문사가 있는 의문문

① I **said to** him, "How old **are** you?"
    (나는 그에게 "당신 몇 살 이에요?"라고 말했다.)
    → I **asked** him how old he **was**.
    (나는 그에게 그가 몇 살인지 물었다.)

② They **said to** me, "Who **sent** the email?"
    (그들은 나에게 "누가 그 메일을 보냈니?"라고 말했다.)
    → They **asked** me who **had sent** the e-mail.
    (그들은 누가 그 메일을 보냈었는지 나에게 물었다.)

Who sent the email?

* Email을 보낸 것은 그들이 나에게 말했던 것보다 더 과거이므로 **sent** (보냈다 : 과거)를 **had sent** (보냈었다 : 과거완료)로 바꿔준다.

(2) 의문사가 없는 의문문

의문사가 없는 의문문은 접속사 **if** (=**whether** : ~인지)로 연결한다.

① We **said** to her, "**Are** you **going** there now?"
    (우리는 그녀에게 "지금 너 거기 갈거니?"라고 물었다.)
    → We **asked** her **if** she **was going** there then.
    (우리는 그녀가 그때 그곳에 갈 것 인지 물었다.)

* 직접화법의 **now**는 간접화법에서 **then**으로 전환된다.

3 명령문의 화법

(직접화법 → 간접화법)

명령문의 화법에서 say to는 **tell**(~에게 명령조로 말하다), **order**(~에게 명령하다), **advise**(~에게 조언 하다) 등으로 문장에 따라 적합하게 바꿔준다. 명령문의 직접화법을 간접화법으로 전환할 때 **to 부정사**를 만들어준다.

(1) Our teacher **said to** us, "Line up."
(우리 선생님은 우리에게 "줄을 서라"고 말씀하셨다.)
→ Our teacher **told** us **to** line up.
(우리 선생님은 우리에게 줄을 서라고 말씀하셨다.)

(2) The doctor **said to** him, "Stop smoking."
(그 의사가 그에게 "담배를 끊어라"고 말했다.)
→ The doctor **advised** him **to** stop smoking.
(그 의사는 그에게 담배를 끊으라고 조언했다.)

(3) The general **said to** his soldiers "Don't retreat."
(그 장군은 그의 병사들에게 "후퇴하지 말라"고 명령했다.)
→ The general **ordered** his soldiers **not to** retreat.
(그 장군은 그의 병사들에게 후퇴하지 말라고 명령했다.)

Our teacher told us to line up.

보충 Tip) to와 함께 쓸 수 없는 동사

ask (~에게 물어보다), **tell**(~에게 명령조로 말하다), **order**(~에게 명령하다), **advise**(~에게 조언 하다) 등의 동사는 동사자체가 to의 의미를 포함하고 있으므로 뒤에 to를 쓸 수 없다.

Ex. The teacher **told to** me that I should not late for school again. (×)
The teacher **told** me that I should not late for school again. (○)
(선생님은 내가 다시 지각하지 않아야 한다고 말씀 하셨다.)

제 14 일 일치와 화법 (Agreement & Narration)

14일 확인 문제

―――――――――― 일치와 화법(Agreement & Narration)

문제 어법에 맞는 표현을 고르시오.

1. Every student (have, has) to study hard.
2. Each of the players (was, were) given their own medals.
3. A short and fast dog (is, are) running to him.
4. A short and a fast dog (is, are) running to him.
5. Either you or she (has, have) to do it.
6. Not only you but also she (is, are) clever.
7. She as well as you (is, are) clever.
8. Neither I nor he (is, are) right.
9. I heard that she (will, would) be sharp.
10. Ho Dong said that he (eats, ate) meat every three meals.

문제 B. 밑줄 친 부분을 바르게 고치시오.

1. A black and a small dog is fighting.
2. A black and small dog were dead.
3. All the money in the desk were lost.
4. Both he and I am strong.
5. Your father as well as you are tall.
6. Not only she but also her mother are slim.
7. Every villagers obeyed to the grandfather.
8. Neither he nor she are fat.
9. He said that he got up at six every morning.
10. The old scientists believed the earth is flat.

문제 H 직접화법을 간접화법으로 바꾸시오.

1. Ho Dong said to Yu Ri, "I love you."
2. He said to me, "Where are you going?"
3. The teacher said to us, "Clean the class room."
4. The politician said to people, "Honesty is the best policy."
5. The criminal persisted, "I am innocent."

14일 실전 문제
— 일치와 화법(Agreement & Narration)

유형 다음 문제의 빈칸을 채우시오. (1~10)

1. Min Ho said to me, "Borrow me fifty thousands won."
   = Min Ho asked me _____ borrow fifty thousand won.
2. The doctor said to him, "Stop smoking."
   = The doctor _____ him to stop smoking.
3. He said to her, "I want to go to a movie with you."
   = He told her that he _____ _____ go to a movie with her.
4. I said to Sam Sik, "Can you play the piano?"
   = I asked Sam Sik _____ he could play the piano.
5. She told me she _____ every morning for an hour. [습관]
   (그녀는 나에게 그녀가 매일 아침 1시간 동안 운동을 한다고 말했다.)
6. Today we studied that the earth _____ round. [진리]
   (우리는 오늘 지구가 둥글다는 것을 공부했다.)
7. My father suggested that I _____ _____ an architect. [제안]
   (나의 아빠는 내가 건축사가 되길 제안하셨다.)

제 14 일 일치와 화법 (Agreement&Narration)

8. Daniel advised that Sam Soon _____ _____ Sam Sik. [충고]
   (다니엘은 삼순이가 삼식이와 결혼해야 한다고 충고했다.)

9. The officer ordered that his soldiers _____ _____ the rule. [명령]
   (그 장교는 그의 군인들이 그 규칙을 지켜야만 한다고 명령했다.)

10. She said to me that she _____ _____ in New Zealand
    (그녀는 나에게 그녀가 뉴질랜드에 살았었다고 말했다.)

유형 다음 직접화법의 문장을 간접화법으로 바꾸시오. (11~15)

11. She said to me, "I am very happy now."
    ➔ _____ .

12. He said to her, "I met your father."
    ➔ _____ .

13. I said to her, "Who broke the computer?"
    ➔ _____ .

14. She said to me, "May I use your MP3 player?"
    ➔ _____

15. The teacher said to us, "Be quiet."
    ➔ _____ .

유형 다음 빈칸에 옳은 것을 고르시오. (16~20)

16. She as well as you (need, needs) to help them.
17. Not only you but also she (is, are) diligent.
18. Neither you nor he (is, are) responsible for it.
19. A comedian and singer (is, are) driving.
20. Every boy and girl (was, were) satisfied with their dormitory.

유형 다음 간접화법 문장을 직접화법으로 바꾸시오. (21~25)

21. He told me to close the window.
   → _____.

22. She asked me what time it was.
   → _____.

23. Mary asked me if I liked her.
   → _____.

24. My mother told us not to stop reading books.
   → _____.

25. He told us that he didn't like the food.
   → _____.

다음 문장에서 틀린 부분을 찾아 고치시오. (26~30)

26. He asked us that we could do it.
27. They asked her where did she live?
28. She knew that I has been sick for a week.
29. They asked me how old was I.
30. The teacher told us that the earth was larger than the moon.

제15일 조동사 (Auxiliary Verb)

> 조동사의 조(助)는 도와준다는 뜻을 가지고 있다. 다른 동사들 앞에서 그들의 갈 길을 도와주는 조수와 같은 역할을 하므로 그렇게 칭한다.

01 조동사

(1) 대동사로서의 용법 : 다른 동사를 대신해서 사용 된다

① I have friends more than you **do**. (do=have)
(나는 너보다 더 많은 친구가 있다.)

② Who burnt your heart?
(누가 네 마음을 사로잡았니?)
Min woo **did** (=burnt)
(민우가 그랬어.)

I have friends more than you do.

(2) 강조의 용법 : 강조하여 말할 때 사용 한다

① I **do** hope(that) I will meet you tomorrow.
(나는 내일 너를 만나길 희망한다.)

② **Do** make efforts each other.
(서로 서로 노력해라.)

I do hope I will meet you

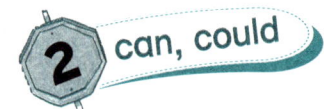

can의 의미	예문
(1) 능력, 가능	We **can** do it = We **are able to do** it. (우리는 그것을 할 수 있다.)
(2) 허가	**Can** I come in? (can=may) (내가 들어가도 되나요?)
(3) 부정적 추측	It **cannot be** false. (그것은 거짓일 리가 없다.)
(4) 강한 의심 : 과연 ~일까?	**Can** he be a criminal? (그가 과연 범인일까?)
(5) 공손	**Could** you explain about the event? (그 행사에 관해 설명 해 주실 수 있나요?)

may의 의미	예문
(1) 추측	She **may** be a ghost. (그녀는 귀신일지도 모른다.)
(2) 허가(~해도 좋다)	**May** I kiss you? (내가 당신에게 키스해도 되나요?)
(3) 기원 (~하소서)	**May** God bless him! (신이여 그를 축복하소서!)
(4) can의 약한 의미	Come here early so that we **may** eat dinner together. (우리가 식사를 함께 할 수 있도록 일찍 오세요.)

must의 의미	예문
(1) 의무: ~해야만 한다 (should, have to, ought to)	**Must** I give you up? (내가 너를 포기 해야만 하니?) You **must not** be late for the meeting. (너는 그 미팅에 지각하지 않아야만 한다.) * must not = should not (~하지 않아야만 한다.) * don't have to = need not (~ 할 필요가 없다.)
(2) 강한 추측	a. She **must be** attractive. (그녀는 매력적임에 틀림없다.) b. She **must have been** attractive. (그녀는 매력적이었음에 틀림없다.) * must be : ~임에 틀림없다.(=should be) * must have + 과거분사(p.p) : ~ 이었음에,(~했음에) 틀림없다.

should의 의미	예문
(1) 의무	You **should** hurry up now. (당신은 지금 서둘러야만 한다.)
(2) 간절한 소망	I **should like to** meet her again. (나는 그녀를 다시 만나고 싶다.) * should like to = would like to
(3) **should**가 생략된 문장	① She **insisted** that Sam Sik (**should**) become a leader of the group. (그녀는 삼식이가 그 그룹의 지도자가 되어야한다고 주장했다.) ② He **suggested** that we (**should**) concede one another. (그는 우리가 서로서로 양보해야만 한다고 제안했다.)

③ I **demanded** that I (**should**) have right to decide it.
(나는 그것을 결정할 권리가 있다고 요구했다.)
* **insist(=persist)** : ~를(해야만 한다고) **주장**하다
* **suggest(=propose)** : ~를(해야만 한다고) **제안**하다
* **demand(=ask)** : ~를(해야만 한다고) **요구**하다 등의 주장, 제안, 요구를 나타내는 동사가 주절에 있을 경우 종속절에는 반드시 should가 포함되어 있음을 기억해야 한다.

샘 안마디!!

must와 should는 비슷한 의미로 사용되지만 현재완료형과 결합될 경우 뜻이 달라짐에 주의하자.
Ex. ① Our school **should have won** the soccer game.
(우리학교가 그 축구 시합에서 이겨야만 했는데… 그러지 못해 유감스럽다.)
* **should have** + 과거분사(**p.p**) : ~했어야만 했는데(~하지 못해 유감스럽다.)
② She **must have** done her best. (그녀는 최선을 다했었음에 틀림없다.)
* **must have** + 과거분사(**p.p**) : ~했었음에 틀림없다

would의 의미	예문
(1) 시제의 일치에서 **will**의 과거형	I thought that she **would** become a super model. 과거시제　　　　　과거시제 (나는 그녀가 슈퍼모델이 될 거라고 생각했다.)
(2) 과거의 불규칙적인 습관 (~하곤 했다)	I **would** play bowling on weekends. (나는 주말에 볼링을 치곤했다) : 종종 안 칠 때도 있었다는 의미 * 규칙적 습관을 나타내는 used to 와 구분해서 알아 두자
(3) 정중한 부탁	**Would** you kiss my cheek? (내 뺨에 키스를 해주시겠습니까?)
(4) 간절한 희망	I **would like to** go out with you. (나는 너와 사귀고 싶다.)

제 15 일 조동사(Auxiliary Verb)

 used to

과거의 **불규칙적인 습관**을 나타내는 would와 비교해서 알아둘 필요가 있다.

used to의 의미	예문
(1) 과거의 규칙적인 습관 (~하곤 했다.)	I **used to** study listening to music. (나는 음악을 들으면서 공부하곤 했다.)
(2) 과거의 상태 (~이었다.) (~이 있었다.)	① My mother **used to** be slim in her youth. (엄마는 젊은 시절에 날씬했었다.) ② There **used to** be a big tree in the park. (공원에는 큰 나무 한그루가 있었다.) * 문장 맨 앞의 there는 해석하지 않는다 * **used**[juːst] **to**+동사원형 : ~하곤 했다. * **be used**[juːst] **to**+명사(동명사) =**get used to**+명사(동명사) : ~에 익숙하다. ex) Elizabeth **is used to** Korean food. (엘리자베스는 한국음식에 익숙하다) Elizabeth **gets used to** having Korean food. (엘리자베스는 한국음식을 먹는 것에 익숙하다)

중요 조동사	예문
(1) **had better**	(1) You **had better** leave right now. =You **may as well** leave right now. (너는 당장 떠나는 것이 더 좋겠다.) ∗ had better=may as well=would rathe=had rather : ∼하는 것이 더 좋다.
(2) **may well**	(2) They **may well** abandon the work. (그들이 그 일을 포기하는 것은 당연하다.) ∗ may well : ∼하는 것은 당연하다.
(3) **need not**	(3) You **need not** wait for her. (너는 그녀를 기다릴 필요가 없다.) ∗ need not : ∼할 필요가 없다. ∗ need not=don't have to
(4) **cannot but**	(4) I **can not but** solve the problem alone. (나는 그 문제를 혼자 해결하지 않을 수 없다.) ∗ can not but : ∼하지 않을 수 없다. ∗ can not but=**can not help**+동명사(∼ing) =have no choice but to+동사원형

15일 확인 문제

조동사(Auxiliary Verb)

문제 어법에 맞는 표현을 고르시오.

1. The child (doesn't, must) be a genius.
2. You need not (hurry, to hurry).
3. (Will, Shall) we go to the concert?
4. My father (used to, would) climb every Saturday.
5. She (doesn't may, may not) come back early today.
6. The general (should, must) have became famous according to the world history book.
7. We (would, used to) often find the dog on the street.
8. I (had, have) to finish the work yesterday.
9. He (was, could) able to return to home.
10. We ought (not play, not to play) more.

문제 밑줄 친 부분을 바르게 고치시오.

1. You had better to study alone.
2. You don't may go out.
3. We don't ought to leave the old man alone.
4. We don't need make a reservation.
5. The doctor insisted that my father stopped smoking.
6. She should have visited here to know this shop.
7. I must have started earlier not to miss the train.
8. I used to exercising every Sunday.
9. My mother proposed that our family took a trip.
10. Mrs James will get used to cook korean foods.

문제 H 괄호안의 단어를 이용하여 영어문장을 만드시오.

1. James씨는 다음 달에 미국으로 돌아갈지 모른다. (may)
2. 뒷마당에는 사과나무가 한 그루 있었다. (used to)
3. 당신은 지금 서두를 필요가 없다. (need not)
4. 삼순이는 삼식이와 결혼했어야만 했는데. (should have p.p)
5. 명수는 그의 사업에 성공했음에 틀림없다. (must have p.p)

15일 실전 문제

조동사(Auxiliary Verb)

 유형 우리말에 맞게 빈칸에 알맞은 말을 쓰시오.

1. He runs much faster than I _____.
   (그는 나보다 훨씬 빨리 달린다.)
2. She _____ _____ married our uncle.
   (그녀는 우리 삼촌과 결혼 했어야만 했는데.)
3. She _____ _____ married the prince.
   (그녀는 그 왕자와 결혼했음에 틀림없다.)
4. You _____ _____ get angry.
   (당신이 그렇게 화내는 것은 당연합니다.)
5. Min Ji _____ _____ give up Sam Sik.
   = Min Ji may as well give up Sam Sik.
   (민지는 삼식이를 포기하는 것이 더 낫다.)
6. You have to apologize her.
   = You _____ _____ apologize her.
   (당신은 그녀에게 사과해야만 합니다.)
7. You _____ _____ _____ her.
   (당신은 그녀에게 사과 했어야만 합니다.)

8. Hee Jin doesn't have to wait for him.
   = Hee Jin _____ _____ wait for him.
   (희진이는 그를 기다릴 필요가 없다.)

9. We _____ _____ take a walk every weekend.
   (과거의 규칙적 습관)
   (우리는 주말 마다 산책을 하곤 했다.)

10. I _____ often get up late. (과거의 불규칙적 습관)
    (나는 종종 늦잠을 자곤 했다.)

11. There _____ _____ be a big pine tree. (과거의 계속적 상태)
    (그곳에 큰 소나무가 있었다.)

12. We _____ _____ _____ consider the problem.
    = We can not help considering the problem.
    (우리는 그 문제를 고려하지 않을 수 없다.)

13. You ought _____ _____ waste your time.
    (당신은 시간을 낭비하지 않아야만 합니다.)

14. Our uncle worked hard so that he _____ achieve his dream.
    (우리 삼촌은 그의 꿈을 이루기 위해 열심히 일하셨다.)

15. May I kiss you?
    (키스해도 될까요?)
    No, you _____ _____.
    (아니요, 안됩니다.)

16. _____ God bless her!
    (신이시여, 그녀를 축복하소서!)

17. Must I go back now?
    (내가 지금 돌아가야만 합니까?)
    No, you _____ _____.
    (아니요, 그럴 필요가 없습니다.)

18. _____ _____ go to swimming pool together?
    (우리 함께 수영장에 갈까요?)

19. She may _____ _____ the last train.
    (그녀는 마지막 기차를 놓쳤는지도 모른다.)

20. Let's begin at once, _____ _____?
    (당장에 시작합시다, 그러지 않을래요?)

1일 ~ 15일 누적테스트

유형 빈칸에 알맞은 것을 고르시오. (1~3)
1. If I _____ your advice then, I could have been happier.
   ① have followed   ② did not follow
   ③ had followed   ④ followed
2. The climate of Korea is _____ than that of Cambodia.
   ① pleasant   ② more pleasant   ③ very pleasant   ④ better pleasant
3. It is no use _____ me about your loss.
   ① tell   ② telling   ③ to tell   ④ having told

유형 두 문장이 같은 뜻이 되도록 빈칸을 채우시오. (4~6)
4. I wish my father were rich.
   = I am sorry that my father _____ not rich.
   ① is   ② was   ③ were   ④ be
5. Without his help, I would have failed.
   = _____ his help, I would have failed.
   ① If it were for   ② If it had been for
   ③ If it were not for   ④ If it had not been for
6. The general said to the officer, "Keep the fortress".
   = The general _____ the officer to keep the fortress.
   ① asked   ② advised   ③ ordered   ④ demanded

제 15 일 조동사(Auxiliary Verb)

유형 다음 중 틀린 문장을 고르시오. (7~10)

7. ① The result left us dissatisfied.
   ② His wife survived him.
   ③ A class is composed by thirty five students.
   ④ There used to be an apple tree at the garden.

8. ① The old lady told the children not to be noisy.
   ② It would be wise of you to see her mother first.
   ③ He said that this work is too difficult.
   ④ He forgot seeing me before.

9. ① I could not help to do it.
   ② Our teacher told us to be quiet.
   ③ It is so clever of you to solve the question.
   ④ She got used to translating English.

10. ① They as well as I am honest.
    ② Busan is the second largest city in Korea.
    ③ I have a friend whose father was a medalist in the Olympics.
    ④ If he had accepted the plan, his business could have succeeded.

유형 어법에 맞지 않는 것을 고르시오. (11~15)

11. He promised that he ① would stick ② to the topic, but kept on ③ to introduce irrelevant ④ stories.

12. ① Having lived here ② for five years, my friend is used to ③ speak English with ④ all her classmates.

13. ① Everything was ② very wet this morning. It ③ should have rained ④ last night.

14. ① In spite of its small size, Europe ② has had ③ a greatest impact on world history than ④ any other continent.

201

15. No ①one ②can blame him ③for doing ④one's duty.

 빈칸에 알맞은 말을 넣으시오. (16~20)

16. It will not be long before we _____ again.
    ① will meet   ② shall meet   ③ would meet   ④ meet

17. Let's start at once, _____ ?
    ① shall we   ② will we   ③ won't we   ④ shall not we

18. I _____ to go to the movies every Wednesday.
    ① used   ② am used   ③ use   ④ was used

19. A number of students _____ going to the picnic.
    ① is   ② are   ③ plans   ④ plans of

20. He requested that we _____ the program on this weekend.
    ① watch   ② watched   ③ have watched   ④ are watching

필수 암기 숙어

제1일 품사, 문장의 성분과 형식

01 **according to** + 구,
according as + 절 : ~에 따라서
You may either go or stay, **according to** your decision.
You may either go or stay, **according as** you decide.

02 **a great (or large) number of** : 아주 많은[수]
a great (or good) deal of : 아주 많은[양]
He has **a great number of** books.
Hee Jin has **a great deal of** common sense.

03 **above all** : 무엇보다도, 특히(= **first of all**)
He is good at English above all.

04 **add to** : ~을 더하다, 증가하다
Add your effort to your friend's help.

05 **after a while** : 잠시 후에
for a while : 잠시 동안
She came back home after a while.

06 **after all** : 결국(= **in the end** = **finally**)
He became a famous comeian after all.

07 **agree with** + 사람, **agree to** + 사물 : ~에 동의하다, 찬성하다
He agreed to Sam Soon's suggestion.
Daniel agreed with Hee Jin.

08 **ahead of** : ~의 앞에(= **in front of**)
She stood ahead of Sam Sik.

09 **all day** (**long**) : 온 종일
Daniel waited for Hee Jin all day.

10 **all one's life** : 평생 동안
The doctor devoted himself for poor patients all his life.

11 **all over the country** : 전국 각지에
The rumour spread **all over the country**.

12 **all over the world** : 세계 곳곳에
Coca Cola is sold all over the world.

13 **after school** : 방과 후에
Let's go to the movies after school.

14 **all right** : 좋아(= **O.K**)
Ho Dong often says "All right."

15 **all the time** : 항상, 내내(= **always**)
Hee Jin looked pale all the time.

16 **all the way** : 계속, 줄곧
I stood up all the way on the bus.

17 **all the year round** : 일 년 내내
Somalia is hot all the year round.

18 **allow ... to ~** : ...에게 ~하는 것을 허락하다
My father allowed me to ride a motorcycle.

19 **anything but** : 결코 ~이 아닌(= **never**)
Hyun Bin is anything but rich.

20 **appear to** : ~인 것처럼 보이다(= **look**)
He appears to be a soldier.

21 **appoint A to B** : A를 B에 임명하다
The teacher appointed him the class captain.

22 **as a matter of fact** : 사실은(= **in fact**)
As a matter of fact, he was an orphan.

제2일 구와 절(Phrase & Clause)

01 **as a result** : 그 결과로
As a result, they became separated.

02 **as for** : ~에 관해서는, ~에 대해서 말하자면 (= **as to**)
I am satisfied as to the conditions.

03 **arrive in**(or **at**) : ~에 도착하다(= **reach**, **get to**)
They arrived in Seoul last week. [넓은 장소]
Sam Sik arrived at his apartment. [좁은 장소]

04 **as ~ as one can** : 가능한 한(= **as ~ as possible**)
Do your work as fast as you can.

05 **as if**(or **though**) : 마치 ~ 처럼
She talks as if she were an American.

06 **ask A for B**(명사) : A에게 B를 요구하다
Sam Soon asked Sam Sik for fifty million won.

07 **ask... to** + 동사 : ... 에게 ~하는 것을 부탁하다
My mom asked me to come back early.

08 **as it is** : (문장 앞에서) 사실은, (문장 끝에서) 있는 그대로
As it is, Sam Sik likes Sam Soon.

09 **as long as** : ~하는 동안(= **while**), ~하는 한, ~만큼 긴
Memorize many words and phrases as long as you can.

10 **as soon as** : ~하자마자(= **on~ing**)
Please reply as soon as you receive my letter.

11 **as well as** : ~만큼 잘, ~은 물론 ...도
She can speak English as well as French.

12 **at all** : (의문문에서) 도대체, (부정문에서) 조금도, 전혀
I don't remember their names at all.

13 **at any time** : 언제라도, 어떤 때라도
I am ready to go on a trip at any time.

14 **at first** : 처음에는
At first, it was strange to me.

15 **at last** : 드디어, 결국(= **finally** = **in the end** = **in the long run**)
They achieved the aim at last.

16 **at least** : 적어도
He is at least 20 years old.

17 **at once** : 즉시, 동시에
Tom Cruise carried out a mission impossible at once.

18 **at present** : 현재에
in the past : 과거에,
in the future : 장차
He is attending Harvard University at present.

19 **at that time** : 그 때
this time : 이번에는
At that time, he was so young.

20 **at the bottom of** : ~의 바닥에
There was a reef at the bottom of the sea.

21 **away from** : ~로부터 멀리
He ran away from his stepfather.

22 **at the same time** : 동시에(= **simultaneously**)
He can speak and listen English at the same time.

제3일 관계대명사(Relative pronoun)

01 **at the age of** : ~의 나이에, 몇 살 때
He went to the USA at the age of 5.

02 **at work** : 일하고 있는, 작업 중의
I called my father when he was at work.

03 **all afternoon** : 오후 내도록 **all night** : 밤새도록

He studied for his exam all night.
04 **be able to** ~ : ~ 할 수 있다(= can)
I was able to finish it within 5 minutes.
05 **be about to** ~ : 막 ~하려고 한다(= be just going to ~)
We were about to leave when he came.
06 **be absent from** : 결석하다
The student was absent from school.
07 **be afraid of**+명사, **be afraid to**+동사 : ~을 두려워하다
Don't be afraid of his threat.
08 **be busy ~ing** : ~하느라고 바쁘다
He was busy cleaning his room.
09 **be crowded with** : ~으로 혼잡하다, ~으로 복잡하다
The street was crowded with many people.
10 **be different from** : ~와 다르다(= differ from)
A magazine is different from a newspaper.
11 **be familiar with** : ~을 잘 알다(= know well)
I am familiar with him.
12 **be famous for** : ~로 유명하다(= be well-known for)
He was famous for comic action.
13 **be filled with, be full of** : ~로 가득 차 있다
The cup was filled with ants.
14 **be fond of** : ~을 좋아하다(= like)
She is fond of singing pop songs.
15 **be good at** : ~을 잘하다 * **be poor at** : ~을 잘 못하다
He is good at speaking in English.

16 **be good for** : ~에 좋다, ~에 이롭다
Walking is good for your health.
17 **be interested in** : ~에 흥미(관심)을 가지고 있다
Are you interested in a detective story?
18 **be in danger** : 위험한 처지에 놓여 있다
 * **be in trouble** : 곤경에 빠져 있다
We were in danger at the top of the mountain.
19 **be late for** : ~에 지각하다
He is late for school everyday.
20 **be made of** (물리적 변화),
 * **be made form** (화학적 변화) : ~로 만들어져 있다
This desk was made of an oak tree.
Plastic is made from oil.
21 **be out of order** : 고장 나 있다
The vending machine was out of order.
22 **be pleased with**+명사 : ~이 마음에 들다, ~에 기뻐하다
be pleased to+동사 : ~하니 기쁘다
My father was pleased with my exam result.

제4일 관계 부사(Relative Adverb)

09 **be proud of** : ~을 자랑하다(= **boast of**)
The soldier was proud of his country.
02 **be ready to**+동사, **be ready for**+명사 : ~할 준비가 되어 있다
She was ready to start driving.
03 **be satisfied with** : ~에 만족하다(= **be content with**)
I was satisfied with my drawing.

04 **be supposed to** ~ : ~하기로 되어 있다
We are supposed to leave early.
05 **be sure of** : ~을 확신하다
Are you sure of your success?
06 **be surprised at**+명사, **be surprised to**+동사 : ~에 놀라다
We were surprised at the news.
07 **be through with** : ~을 끝마치다 (=finish)
We were through with the homework.
08 **be used to**+(동)명사 : ~에 익숙해져 있다
Sam Soon is used to baking cakes.
09 **bear in mind** : 명심하다(=**keep in mind**)
Bear in mind the lesson from the story.
10 **belong to** : ~에 속하다, ~의 것이다
This mp3 player belongs to me.
11 **because of** : ~ 때문에
Daniel was sad because of Hee Jin.
12 **believe in** : (~의 존재, 가치를) 믿다
Do you believe in God?
13 **between A and B** : A와 B 사이에
There is no problem between Sam Sik and Sam Soon.
14 **break out** : 발발하다, 발생하다
The war broke out in 1950.
15 **break one's word** (or **promise**) : 약속을 어기다
  *** keep one's word** (or **promise**) : 약속을 지키다
Do not break your word as possible as you can.
16 **bring back** : 돌려주다, 도로 갖고 오다
Bring back the book to the library.
17 **bring up** : 양육하다, (문제 따위를) 꺼내다
Our family bring up a puppy.

18 **by oneself** : 혼자서(=**alone**)
  ***for oneself** : 혼자 힘으로(=**without other's help**)
He worked it out by himself.
He solved the problem for himself.
19 **by the time** : ~할 무렵에
By the time we arrived the train had left.
20 **by the way** : 그런데
By the way, who is she?
21 **call at**+집, **call on**+사람 : ~을 방문하다 (=**visit**)
Sam Sik called at Sam Soon's house.
We called on him.
22 **call for** : 큰 소리로 부르다
I called for his name.

제5일 분사와 분사 구문(Participle & Participial Construction)

01 **call ~ up** : ~에 전화를 걸다(=**give ~ a call**)
Sam Soon called Hee Jin up
02 **cling to** : ~에 달라붙다, ~에 매달리다
Hee Jin clung to Sam Sik.
03 **come across** : 우연히 만나다(=**happen to meet**)
Sam Soon came across Hee Jin on the street.
04 **come back** : 돌아오다(=**return**)
Come back as early as possible.
05 **come out** : 밖으로 나오다, (꽃, 잎이) 피다
The flower come out in the spring.
06 **come from** : ~의 출신이다(=**be from**)
He came from Canada.

07 **come to** + 동사 : ~하게 되다
He came to be lonely.
08 **consist of** : ~로 구성되어 있다 (= **be composed of**)
* **consist in** : ~에 놓여 있다
A soccer team consists of eleven members.
09 **congratulate ~ on** : ~을 축하하다
We congratulate on his graduation.
10 **cut down** : 베어 넘기다, 베어 내다
The tree was cut down by the storm.
11 **cut off** : 잘라 내다
The storm cut off the tree.
12 **day and night** : 밤낮으로, 불철주야
He worked hard day and night.
13 **depend on** : ~에 의지하다(= **rely on** = **rest on** = **count on**)
The baby depended on his mother.
14 **die of** : (나이, 병)으로 죽다
* **die from** : (부주의, 과로)로 죽다
The old man died of lung cancer.
15 **do away with** : ~을 없애다, 폐지하다(= **get rid of**)
Korea will do away with the law.
16 **do good** : 효과가 있다, 이익을 주다
* **do harm** : 해를 끼치다
The medicine do good for patients.
17 **do one's best** : 최선을 다하다
He did his best whatever he learned.
18 **do without** : ~없이 지내다
We cannot do without our friends.
19 **don't have to** + 동사 : ~할 필요가 없다(= **need not**)
You don't have to hurry up.

20 **each other** : (둘이) 서로
* **one another** : (셋 이상이) 서로
We helped each other in a difficult situation.
21 **either A or B** : A 나 B 둘 중의 하나
Choose either this or that.
22 **enough to** + 동사 : ~하기에 충분한
* **enough for** + 명사 : ~에 충분한
He is rich enough to buy the car.

제6일 간접 의문문과 부가 의문문

01 **eat up** : 먹어 치우다
The cat ate up the fish.
02 **even if (or though)** : 비록 ~할지라도
We will go even if it rains.
03 **every time** : ~할 때마다(= **whenever**)
Every time when we tried to operate the machine, it didn't work.
04 **except for** : ~을 제외하고는
Except for you, all attended the meeting.
05 **fade away** : 사라지다, 시들다
The fog faded away little by little.
06 **fail to ~** : 실패하다(= **fail in**)
He failed to a very important exam.
07 **fall asleep** : 잠들다
The baby felt asleep in his mother's arm.
08 **fall in love with** : ~을 사랑하게 되다, ~에 반하다
Sam Sick fell in love with Sam Soon.
09 **fall off** : 떨어져 나가다
A tire of the car fell off.
10 **fall on** : ~에 해당하다, 만나다

New Year's Day fall on January the first.
11 **far away** : 멀리 떨어져 있는
His house is far away from my home.
12 **far from** : 결코 ~이 아닌(=**never**), ~로부터 먼
He is far from a criminal.
13 **feel like ~ing** : ~하고 싶은 생각이 나다
I felt like listening to music.
14 **find out** : 찾아내다, 발견하다
Columbus found out America in 1492.
15 **find time** : 시간을 내다, 틈을 내다
Can you find time for me tomorrow?
16 **first of all** : 무엇보다도 먼저(=**above all**)
First of all, health is the most important.
17 **for a long time** : 오랫동안
We didn't meet for a long time.
18 **for a moment** : 잠시 동안(=**for a while, for a second**)
Wait for a moment until I come back.
19 **for example** : 예를 들면(=**for instance**)
For example, there are religions like Christianity, Buddhism, and Muslim.
20 **for the first time** : 처음으로
I travelled Canada for the first time.
21 **for years** : 여러 해 동안
He learned Tae Kwon Do for years.
22 **from then on** : 그 때부터 계속하여
* **from now on** : 지금부터 계속하여
The child didn't swear from then on.

제7일 완료와 완료진행

01 **from A to B** : A에서 B까지
from A till (or until) B : A부터 B까지

Read chapters from three to five
02 **get away** : 달아나다(=**run away**)
The owner got away from the bankrupt.
03 **get back** : 돌아오다(=**return**)
She got back from her journey.
04 **get on** : ~에 타다(=**get in , ride**)
* **get off** : ~을 내리다
We got on the train to go to the beach.
05 **get out of** : ~에서 빠져 나오다
We got out of from the crowd.
06 **get lost** : 길을 잃다
The boy got lost on the street.
07 **get rid of** : ~을 제거하다, ~을 없애다(=**remove**)
Get rid of your bad habit.
08 **get the better of** : ~에게 이기다, ~을 능가하다(=**exceed**)
He got the better of his elder brother.
00 **get to** : ~에 도착하다(=**reach, arrive in** [or **at**])
The ship got to the harbour.
10 **get up** : 일어나다(=**wake up**)
Get up early for your tennis training.
11 **get used to** + (동)명사 : 익숙해지다(=**be used to~ing**)
I got used to speaking in English.
12 **give in** : 항복하다
The soldier gave in to the enemy.
13 **give up** : 그만두다, 포기하다, 단념하다(=**surrender**=**abandon**=**yield**)
Don't give up your dream.
14 **Go ahead.** : 말씀하세요.
I would like to say something.
Go ahead.

209

15 **go on** : 계속하다
Go on speaking please.
16 **go on a picnic** : 소풍가다
Our family went on a picnic last weekend.
17 **go (out) for a walk** : 산책하러 가다
Let's go for a walk.
18 **go over** : 복습하다, 되풀이하다, 검토하다
Going over the same mistake is foolish.
19 **go through** : ~(고생, 경험)을 겪다, 통과하다, 검토하다
He went through much pain.
20 **go to bed** : 누워 자다
Good children go to bed early.
21 **graduate from** : 졸업하다
He graduated from the MIT.
22 **grow up** : 자라서 ~이 되다
He grew up to become a brave soldier.

제8일 가정법(Subjunctive mood)

01 **had better** : ~하는 것이 더 좋다(= **may as well**)
You had better go back home soon.
02 **happen to** : ~이 일어나다, 우연히 ~하다
We happened to meet him in the airport.
03 **have a good time** : 즐겁게 지내다
Did you have a good time?
04 **have a look at** : ~을 보다, 훑어보다
She had a look at the clothes.
05 **have a habit of** : ~하는 습관이 있다
Sam Soon has a habit of sleeping late.
06 **have difficulty (in)** : ~하는 데 어려움을 당하다

Daniel had difficulty in communication with others.
07 **have something to do with** : ~와 관계가 있다
  * **have nothing to do with** : ~와 아무런 관계가 없다
The accident has nothing to do with me.
08 **have trouble (in)** : ~하는 데 곤란을 받다
The old man had trouble in breathing.
09 **hear from** : ~로부터 소식(편지)를 받다
I look forward to hearing from you.
10 **hear of** : ~에 대한 소문을 듣다
We heard of his scandal.
11 **Help yourself to** : ~을 많이 드세요(= **please take**)
Help yourself to the food.
12 **How about ~ing?** : ~하는 게 어때요? (= **what about ~ing**)
How about playing basketball together?
13 **hurry up** : 서두르다(= **hasten** = **make haste**)
You don't have to hurry up.
14 **I am sure (that)** ~ : ~을 확신하다
I am sure that he is wise.
15 **in a hurry** : 황급히, 서둘러(= **hurriedly**)
He went back home in a hurry.
16 **in a short time** : 잠시 후에(= **after a while**)
The show will finish in a short time.
17 **in a way** : 어떤 점에서는
He is a genius in a way.
18 **in all** : 모두, 합해서
I have pocket money of fifty thousand won in all.
19 **in bed** : 자고 있는
The baby was in bed when we saw him.

20 in fact : 사실은(= **as a matter of fact**)
In fact, Sam Sik is rich.
21 in fear of : ~을 두려워하여
He ran away in fear of dogs.
22 in front of : ~의 앞에(= **before**)
Wait for me in front of the gate.

제9일 수동태(The passive voice)

01 in order to ~ : ~하기 위하여(= **so as to**)
I was standing there in order to meet her.
02 in other words : 바꾸어 말하면(= **that is to say**)
In other words, it means that she likes him.
03 in reply to : ~의 대답으로서, ~에 답하여
In reply to his help she gave him a gift.
04 in search of : ~을 찾아, ~을 구하려고
In search of a treasure, they went to the island.
05 in spite of : ~에도 불구하고(= **despite**)
In spite of my effort, I failed in my business.
06 instead of : ~대신에, ~하지 않고
His father came instead of his mother.
07 in the distance : 먼 곳에서, 멀리서
* **in the future** : ~미래에, 장차
We could hear his voice in the distance.
08 in the center of : ~의 한복판에
The event was held in the center of the town.
09 in the middle of : ~의 중앙에
Seoul is located in the middle of Korean peninsula.
10 in the past : 과거에(= **long ago**)
He smoked much in the past.
11 (in) these days : 요즘은 * (**in**) **those days** : 그 당시
In these days, there are many terrors around the world.
12 in this respect : 이 점에 있어서
We couldn't understand him in this respect.
13 in time : 시간에 맞게, 조만간 * **on time** : 정각에
Please come back in time.
14 in turn : 차례로, 순번으로
They lined up in turns to enter the theater.
15 invite A to B : A를 B에 초대하다
She invited him to her birthday party.
16 keep down : 누르다, 억누르다
Please keep down your rage.
17 keep a diary : 일기를 쓰다
He kept a diary for 10 years.
18 keep ~ from ... : ~에게 ...을 못하게 하다(= **prevent ... from**)
My parents kept me from playing computer games.
19 keep house : 살림살이를 하다
My mum keeps house well.
20 keep in mind : 명심하다, 기억하다
Keep in mind this rule.
21 keep one's word : 약속을 지키다 (= **keep one's promise**)
He doesn't keep his word at all.
22 keep ~ a secret : ~을 비밀로 하다
Let's keep this story a secret.

제10일 관사와 It의 특별 용법

01 **keep ~ing** : 계속하여 ~하다
You have to keep studying English.
02 **keep up with** : (사람 혹은 시대에 뒤지지 않고 따라가다)
My father studies computers to keep up with young people.
03 **know ~ by heart** : 암기하다(= **learn ~ by heart**, **memorize**)
You have to learn many words by heart.
04 **laugh at** : ~을 듣고(보고) 웃다, ~을 비웃다(= **scorn**)
He laughed at the beggar.
05 **lean against** : ~에 기대다
 * **lean on** : ~에 의지하다
The old lady leaned against the wall.
06 **leave A to (or with) B** : A를 B에게 맡기다
You can leave your money to bank.
07 **leave for** : ~를 향하여 떠나다
This train leaves for Busan.
08 **lie in** : ~에 놓여 있다(= **consist in**)
Your success lies in your effort.
09 **listen to** : ~에 귀를 기울이다
Listen to the radio carefully.
10 **look at** : ~을 쳐다보다
Look at the window.
11 **look down on** : ~을 경멸하다, ~을 낮추어 보다(= **despise**)
 * **look up to** : ~을 존경하다, ~을 우러러 보다(= **respect**)
Young men should look up to old men.
12 **look for** : ~을 찾다(= **seek for** = **search for**)
He looked for his glasses.
13 **look forward to ~ing** : ~하는 것을 고대하다
I look forward to meeting you soon.
14 **look into** : ~을 들여다 보다, ~을 조사하다, ~을 연구하다
He looked into a shop window.
15 **look like** : ~처럼 보이다(= **seem**)
The boy looks like a monkey.
16 **look out for** : 주의하다, 밖을 보다 (= **watch out**)
Look out for the dog.
17 **make a fool of** : ~을 놀리다(= **ridicule** = **mock**)
Don't make a fool of the orphan.
18 **make a mistake** : 실수하다
She made a mistake over and over again.
19 **make a noise** : 떠들다, 소리 내다
The children made a noise on the bus.
20 **make an answer** : 대답하다(= **reply**)
Make an answer to this question.
21 **make a speech** : 연설하다
The president made a speech in the congress.
22 **make haste** : 서두르다(= **hasten**)
You need to make haste to catch the train.

제11일 부정사(Infinitive)

01 **make it a rule to ~** : ~하는 것을 규칙으로 하다
Our family made it a rule to have dinner at 7pm.
02 **make money** : 돈을 벌다(= **earn**)
He makes money for his school fee.
03 **make up one's mind** : 결심하다(= **decide**)

I made up my mind to become a politician.
04 **may as well** : ~하는 편이 낫다(= **had better**)
You may as well sleep early tonight.
05 **may well** : ~하는 것도 당연하다
He may well be angry about your mistake.
06 **more and more** : 점점 더, 더욱 더
Sam Soon became plump more and more.
07 **most of all** : 무엇보다도, 가장(= **above all**)
I want to see the Grand Canyon most of all.
08 **move to** : 이사하다
They moved to a new apartment last week.
09 **never fail to** ~ : 반드시 ~하다
I am sure that justice never fail to win.
10 **next time** : 다음번에는
Korean soccer team will be the winner of the World Cup next time.
11 **next to** : ~옆에(= **beside**)
Sam Soon lives next to Sam Sik's house.
12 **neither A nor B** : A도 아니고 B도 아니다
She can speak neither English nor French.
13 **no longer** : 이제 ~이 아니다, 더 이상 ~하지 않다(**not~any longer**)
Sam Soon is no longer fat.
14 **not always** : 반드시 ~한 것은 아니다
The rich are not always happy.
15 **not ~ at all** : 전혀 ~이 아니다
Sam Sik doesn't know how to bake at all.
16 **not A but B** : A가 아니라 B이다
He is not an American but a German.
17 **not only A but also B** : A뿐만 아니라 B도 (= **B as well as A**)
Su Jung is not only an announcer but also an actress.
18 **nothing but** : 단지(= **only**)

I am nothing but a normal student.
19 **of course** : 물론, 당연히(= **absolutely**)
Do you know who she is? Of course I do.
20 **of no use** : 쓸모없는(= **useless**)
  * **of use** : 쓸모 있는(= **useful**)
It is of no use learning it.
It is of no use to learn it.
21 **on behalf of** : ~을 대표하여
The captain had an interview on behalf of our team.
22 **on business** : 볼일이 있어서, 상용으로
Sam Sik went to Jejudo on business.

제12일 동명사(Gerund)

01 **on foot** : 걸어서, 도보로
I go to school on foot.
02 **on guard** : 당번중인, 당번으로
Min Ho is on guard this week.
03 **on one's way to** (**or from**) : ~로 가는 도중에
I saw the traffic accident on my way to church.
04 **on the basis of** : ~을 기초로 하여
On the basis of the report, I finished my homework.
05 **on the contrary** : 그와 반대로, 반면에(= **on the other hand**)
She looks naughty, on the contrary her sister looked shy.
06 **on the radio** : 라디오에서
  * **on TV** : TV에서
We heard the news on the radio.
07 **once more** : 한 번 더 (= **once again**)
Please tell me once more.

08 **on time** : 제 시간에
　* **in time** : 시간에 맞게
　The builder constructed the building in time.
09 **once upon a time** : 옛날에
　Once upon a time, there lived a princess.
10 **one after another** : 차례로, 연달아
　They get on to the bus one after another.
11 **one by one** : 하나 씩 하나 씩
　Solve the problems one by one.
12 **one another** : (셋 이상이) 서로
　* **each other** : (둘이서) 서로
　We should help one another.
13 **one day** : (과거의) 어느 날
　* **some day** : (미래의) 어느 날
　One day, Sam Sik visited Sam Soon's home.
14 **one morning** : 어느 날 아침
　One morning, I woke up to find myself famous.
15 **on one's knees** : 무릎을 꿇고
　Sam Soon prayed on her knees.
16 **out of order** : 고장 난
　The mp3 player must be out of order.
17 **over and over** (**again**) : 여러 번, 반복하여(= **repeatedly**)
　Listen to the tape over and over again.
18 **over there** : 저기에
　Who is the boy over there?
19 **owe A to B** : A를 B의 덕택으로 돌리다
　He owes his success to his mother.
20 **pay for** : 지불하다, 갚다
　How much should I pay for the watch?
21 **pick up** : 줍다, 선발하다
　We picked up the rubbish around the school.
22 **plenty of** : 충분한, 많은(= **much**)

They have plenty of information.

 제**13**일　형용사(Adjective)의 비교 변화

01 **point out** : 지적해 내다
　The teacher pointed out the mistake.
02 **prepare for** : ~을 준비하다
　I prepare for an exam.
03 **put down** : 내려놓다
　Put down the baggage on the ground.
04 **put off** : 연기하다, 미루다(= **postpone** = **delay**)
　Put off the schedule until tomorrow.
05 **put on** : 입다, 신다(= **wear**)
　* **take off** : 벗다, 이륙하다
　He put on the black cap and shoes.
06 **put up with** : ~을 참다(= **endure** = **bear**)
　Put up with inconvenience.
07 **quite a few** : 꽤 많은
　There were quite a few people in the hall.
08 **read A to B** : A를 B에게 읽어 주다
　The mother read the fairy tale to her children.
09 **right here** : 바로 여기에서
　The accident broke out right here.
10 **right away** : 즉시, 당장(= **at once**)
　* **right now** : 바로 지금
　Let's begin it right away.
11 **rob A of B** : A[사람]으로부터 B[물건]을 빼앗다
　The robber robbed her of the bag.
12 **run away** : 도망가다, 달아나다
　As soon as the thief saw me, he ran away.
13 **run over** : (차가 사람을) 치다

* **run over to** : ~로 달려가다
The truck ran over a child.
14 **remind A of B** : A에게 B를 생각나게 하다
Sam Soon reminds me of Hee Jin.
15 **search for** : ~을 찾다(= **look for** = **seek for**)
He was searching for the treasure box.
16 **send for** : ~을 부르러 보내다
The doctor whose daughter was sick sent for another doctor.
17 **set free** : 석방하다
The prisoner was set free.
18 **set sail for** : ~을 향하여 출발하다
The ship set sail for Hawaii.
19 **shake hands with** : ~와 악수하다
The players shook hands with each other.
20 **show around** : ~여기저기 안내하다
The guide showed around the museum.
21 **some day** : (미래의) 어느 날, 언젠가
Some day, I will go to Paris.
22 **speak of** : ~에 관하여 말하다
 * **speak to** : ~에게 말을 걸다
Don't speak of other's fault.

제14일 일치와 화법(Agreement & Narration)

01 **speak out** : 거리낌 없이 말하다
The friend speaks out other's fault.
02 **start for** : ~을 향하여 출발하다
The marathoner started for the finish line.
03 **succeed in** : ~에 성공하다
The businessman succeeded in the project.
04 **such ⓐ as ⓑ** : ⓑ와 같은 ⓐ

I have many such friends as Won Bin and Hyun Bin.
05 **take a nap** : 낮잠을 자다(= **nap**)
The old man was taking a nap on the sofa.
06 **take a picture of** : ~의 사진을 찍다
Can you take a picture of me?
07 **take a walk** : 산보하다
Let's take a walk for half an hour.
08 **take A for B** : A를 B로 잘못 알다
He took me for his brother.
09 **take care of** : ~을 돌보다(= **look after** = **care for**)
Take care of your nephew.
10 **take it easy** : 쉬어 가면서 하다, (헤어질 때) 또 만나, 안녕
Let's take it easy for a minute.
11 **take off** : 벗다, 이륙하다, 풀다
The spacecraft took off the air force base.
13 **take over** : 데리고 가다, 가지고가다, 인계하다
He took me over to the city in his car
14 **take pity on** : 불쌍히 여기다(= **sympathize**)
We took pity on the lost puppy.
15 **take place** : 일어나다(= **happen**)
The subway accident took place last year.
16 **take up** : 집어 들다, 차지하다
Take up your bag.
17 **that is(to say)** : 즉, 바꾸어 말하면(= **in other words**)
That is to say I can't understand your speaking.
18 **thanks to** : ~덕분에
Thanks to you, I achieved my aim.
19 **the day after tomorrow** : 모레
 * **the day before yesterday** : 그제

We will go to Rome the day after tomorrow.
20 **the other day** : 전날에
I rang him the other day.
21 **think of** : ~에 대하여 생각하다,(~을 생각하다)
Think about it once more.
22 **think out** : 생각해 내다
I thought out how to solve the mathematics problem.

제15일 조동사(Auxiliary Verb)

01 **to begin with** : 우선, 먼저(= **first of all**)
To begin with, we must memorize the words and phrases.
02 **throw away** : 버리다, 던지다
He threw away his book angrily.
03 **throw back** : 되던지다, 반사하다
The monkey throws back the banana.
04 **too ... to ~** : 너무 ... 해서 ~할 수 없다
He was too weak to carry the luggage.
05 **turn off** : 끄다(= **extinguish**)
 * **turn on** : 켜다
Please turn off the switch.
06 **turn over** : 뒤집다
Turn over the page.
07 **turn to** : 의지하다 (= **depend on** = **rely on**)
Nowadays, students turn to the computer to do their homework.
08 **upside down** : 거꾸로
You are holding the newspaper upside down.
09 **wait for** : ~을 기다리다 (= **await**)

Daniel waited for Hee Jin until 12 o'clock.
10 **wait on** : ~을 시중들다(= **attend on**)
I waited on my grandfather.
11 **wake up** : 잠을 깨다
Wake up, it's over half past 10.
12 **What about~** : ~은 어떤가? ~을 어떻게 생각하는가?(= **What about~**)
What about coming with us?
13 **What for?** : 무엇 때문에, 왜(= **why**)
I need your help.
What for?
14 **what's wrong with** : ~이 잘못되다, ~이 고장 나다
What's wrong with the computer?
15 **with a smile** : 미소를 짓고서
Sam Sik was standing with a smile.
16 **with ease** : 쉽게(= **easily**)
He makes friends with ease.
17 **with interest** : 흥미(관심)을 갖고서
He asked me about films with interest.
18 **with surprise** : 놀라서
In the early morning, I woke up with surprise because of the scream.
19 **I wonder if** : ~일까?
I wonder if Sam Sik can marry Sam Soon.
20 **work out** : 세우다, 수립하다
We worked out the plan for our trip.
21 **would like to** : ~하고 싶다
I would like to become a model.
22 **write to** : ~에게 편지를 쓰다
The child wrote to the president.

확인문제 및 실전문제 정답

제1일 품사, 문장의 성분과 형식

확인문제 A

1. is
2. much
3. something stimulating
4. its
5. hard
6. with ease
7. in secret
8. on purpose
9. looks like
10. looks

1. family는 집합명사로 가족 전체를 한 묶음으로 보았기 때문에 단수로 취급한다.
2. information은 셀 수 없는 명사로 단수취급을 한다.
3. something, nothing, anything, everything을 수식하는 형용사는 반드시 뒤에서 꾸며준다.
4. it's = it is, its = it의 소유격이다.
5. hard는 형용사와 부사의 의미를 함께 가지고 있다.
   hard : (a)힘든, 어려운 (ad)열심히 hardly : 거의 ~않는
6. with ease : 쉽게
7. in secret : 은밀하게
8. on purpose : 의도적으로
9. look like + 명사(구) : (~처럼 보이다)
10. look + 형용사 : (~처럼 보이다)

확인문제 B

1. of
2. cold
3. happy
4. to

5. scream(= screaming)
6. for
7. of
8. go
9. killed
10. arrested

1. of + 추상명사 : 형용사구, of wisdom = wise
2. get이 (~되다)의 의미로 사용될 때, get의 보어는 형용사만이 가능하다.
3. look이 (~처럼 보이다)로 쓰일 때, get과 같이 형용사를 보어로 취한다.
4. give동사가 있는 4형식 문장은 3형식으로 전환할 때 to + 간접목적어가 된다.
5. 지각동사의 5형식 문장에서 목적보어는 to 부정사를 사용할 수 없다.
6. buy, get, make, find동사가 있는 4형식 문장은 3형식으로 전환할 때 for + 간접목적어가 된다.
7. ask가 있는 4형식 문장을 3형식으로 전환할 때 of + 간접목적어가 된다.
8. 사역동사(let, make, have)는 지각동사와 마찬가지로 to 부정사를 목적보어로 취할 수 없다.
9. a dog이 kill 하는 게 아니라 kill되어 지므로 목적보어는 killed이다.
10. the criminal이 arrest하는 것이 아니라 arrest 되어 지므로 arrested를 써야 한다.

확인문제 C

1. The sun rises in the east.
2. It is getting hotter and hotter.
3. I clean my room everyday as soon as I come back from school.
4. Ho Dong bought Yu Li a watch.

5. The mother heard her baby cry(= crying).

1. 태양, 방향 앞에는 the가 붙는다.
2. 비교급and 비교급 : 점점 더~한
3. as soon as:~하자마자 곧
4. 주어+동사+~(에게)목적+~(을, 를)목적
5. 지각동사의 목적보어는 부정사 사용불가

실전문제

1. 충분하다
2. 중요하다
3. 효과가 있다
4. 팔린다
5. beautifully → beautiful
6. badly → bad
7. became to → became
8. turned → went(go mad : 미치다)
9. ① to ② to ③ to ④ of(rob A of B : A에게 B를 빼앗다) ⑤ of(inform A of B : B에게 A를 알려주다)
10. show, to
11. buy, for
12. make, for
13. ask, of
14. find, for
15. cry, crying
16. cry, crying
17. pass, to pass
18. introduce
19. ① Our classmates : 주어 chose : 동사
    me : 목적어 a class captain : 보어
    ② Jin Ho's mother : 주어 made : 동사
    Jin Ho : 목적어
    become a swimmer : 보어
    ③ Sam Sik : 주어 made : 동사
    Sam Soon : 목적어
    a good baker : 보어

④ I : 주어 think : 동사
Sam Soon : 목적어
frank woman : 보어
⑤ We : 주어 call : 동사
Hyun Bin : 목적어 Sam Sik : 보어

20. looks, like, to, be (look과 seem은 동일한 뜻을 가지고 있다.)
21. It(seems to = It seems that ~)
22. seemed
23. fine(get fine : 맑아지다)
24. for

제2일 구와 절(Phrase & Clause)

확인문제

1. To
2. how
3. at
4. of
5. that
6. What
7. that
8. when
9. If
10. Whether

1. to travel : 부정사의 명사적 용법
2. how to+동사원형 : ~하는 방법
3. at once : 당장에, 즉각
4. of courage=courageous(용기 있는)
5. it : 가주어 that : 진주어
6. what : ~하는 것
7. 선행사가 최상급인 목적격 관계대명사 that
8. 관계부사 when(= at which)

9. 가정법 현재형의 문장 : 해석은 미래시제로 한다. if I am은 if I be로 쓸 수 있다.
10. Whether A or not : A 하든지 못 하든지 or A 이든지, 아니든지

확인문제

1. Telling 2. that
3. to 4. Going
5. of 6. on
7. On 8. at last
9. What, you 10. that

1. It (가주어) ~ to (진주어)
2. It (가주어) ~ that (진주어)
3. what I should = what to
4. go out with : ~와 사귀다, break with : ~와 (사귐이) 깨어지다.
5. useful = of use (of + 추상명사 = 형용사구)
6. purposely = on purpose on (by, with, in) + 추상명사 = 부사구
7. as soon as(~하자마자 곧)는 앞뒤 두 문장의 주어가 똑 같을 때 on ~ing으로 대신 쓸 수 있다.
8. finally = at last (마침내)
9. How handsome you are! = What a handsome <u>boy</u> <u>you</u> are!
10. what = the thing which

확인문제

1. This bill is not of use.
2. The house on the hill is white.
3. They are singing on the hill.

4. This is the only e-mail that she sent me.
5. Though(=although) our family is not rich, I am happy.

1. of use : 유용한 (=useful)
2. on the hill : 언덕위에 있는 (형용사구)
3. on the hill : 언덕위에서 (부사구)
4. 선행사가 the only이므로 관계대명사는 that
5. though(=although=even if=even though) : 비록 ~일지라도

실전문제

1. To see 2. of wisdom
3. at last 4. on the tree
5. in the past 6. What I want
7. wherever she goes
8. though(=although) he is
9. what you did 10. where we met
11. 주어 : Tom 동사 : realized
12. 주어 : That seat belts save lives 동사 : has been proven
13. 주어 : The reason I like him 동사 : is
14. 주어 : One of the differences between he and his brother 동사 : is
15. 주어 : I 동사 : will go out
16. that, if (사실여부를 단정 할 수 없는 문맥을 이끄는 접속사 if)
17. whomever, whoever(whomever + 주어 + 동사, whoever + 동사)
18. problem, problems(various는 various kinds의 의미이므로 problems가 됨)
19. of not value, of no value(of no value :

가치 없는)
20. until, by (until : ~까지 계속, by : ~까지)

제3일 관계대명사 (Relative pronoun)

확인문제 A

1. who
2. whose
3. whose
4. whom
5. whom
6. what
7. were
8. that
9. Whomever
10. that

1. 주격 관계대명사
2. 소유격 관계대명사
3. 소유격 관계대명사
4. 목적격 관계대명사
5. who 앞의 to는 speak 뒤에서 옮겨온 것
6. 선행사가 포함된 관계대명사 what
7. which = CDs
8. 선행사에 No가 있으면 관계대명사는 that
9. whomever + 주어 + 동사, whoever + 동사
10. 선행사에 the only가 있으므로 관계대명사 that만 사용가능

확인문제 B

1. which
2. whose
3. who
4. who
5. whose
6. whom

7. that
8. that
9. that
10. whomever

1. 콤마(,)가 있는 관계대명사의 계속적 용법의 문장에서 관계대명사 that은 사용 불가
2. 소유격 관계대명사 + 명사 + 동사
3. 주격 관계대명사 + 동사
4. 주격 관계대명사 + 동사
5. 소유격 관계대명사 + 명사 + 동사
6. 목적격 관계대명사 + 주어 + 동사
7. 선행사가 최상급일 때 관계대명사는 that만을 사용
8. 의문사 who가 있는 문장에서 관계대명사 who 혹은 whom은 사용 불가
9. 선행사가 the very(바로 그)일 때 관계대명사는 that만 사용가능
10. whomever는 목적격 복합 관계대명사 이므로 whomever + 주어 + 동사이다.

확인문제 C

1. This is the very university that my father graduated from.
2. I know a mother whose son was kidnapped.
3. Tell me everything that you conceal.
4. Who is she that helped you?
5. Whomever I love, my parents will trust my choice.

1. 선행사 : the very university, graduate from : ~을 졸업하다.
2. 소유격 관계대명사 + 명사 + 동사

221

3. 선행사에 every가 있으므로 관계대명사는 that
4. 문장 앞에 의문사 who가 있을 때 관계대명사 who 혹은 whom을 쓸 수 없다.
5. 복합관계대명사 whomever뒤에는 주어＋동사가 따라온다.

실전문제

1. A lady who(=that) didn't say her name phoned to you.
2. This is the medal which(=that) my father is proud of.
3. She raises a persian cat whose eyes are brown.
4. It is the only poem that I can memorize.
5. She is my girlfriend whom(=that) I will marry.
6. that
7. what
8. that
9. whose
10. who(=that)
11. He has the same book. / I have the book.
12. The thing was true. / He said the thing.
13. Who is the boy? / He is standing by her.
14. He has a son. / His name is Joey.
15. There are many children. / They are playing on the ground.
16. The girl is my sister. / You talked to her.
17. whatever
18. whomever
19. whoever
20. that
21. from
22. in
23. on
24. whom → that
25. that → which
26. whom → who(=that)
27. what → which(=that)
28. whom → who(=that)
29. were → was
30. whoever → whomever

제4일 관계 부사(Relative Adverb)

확인문제

1. which
2. when
3. why
4. in which
5. that
6. when
7. which
8. which
9. where
10. that

1. 전치사 in이 문장 뒤에 여전히 있으므로 관계부사를 사용할 수 없다.
2. 선행사가 때를 나타내는 the day 이므로 관계부사 when
3. 선행사가 이유를 나타내는 the reason 이므로 관계부사 why를 사용
4. 선행사가 the way와 관계부사 how는 함께 사용할 수 없음
   the way that 혹은 the way in which를 사용해야함

5. 선행사가 the way 일 때, 관계부사 how 대신 that을 사용할 수 있음
6. 선행사가 the day 이면서 전치사와 관계대명사가 포함된 관계부사는 when이다.
7. 전치사 from이 뒤에 남아있으며 선행사가 the school 인 관계대명사
8. 전치사 for가 남아있으며 선행사가 the reason인 관계대명사
9. 선행사가 America인 관계부사
10. 선행사가 Jeju Island인 관계부사 where를 대용하는 that

확인문제

1. wherever
2. whenever
3. however
4. where
5. which
6. when
7. why
8. that
9. which(=that)
10. which(=that)

1. 복합 관계부사 wherever : ~하는 곳 마다
2. 복합 관계부사 whenever : ~할 때마다
3. 복합 관계부사 however : 아무리 ~일지라도
4. 선행사가 the house이면서 전치사 in이 포함된 관계부사
5. 전치사 in이 뒤에 남아있으며 선행사가 the day인 관계대명사
6. 선행사가 the day인 관계부사
7. 선행사가 the reason인 관계부사
8. 선행사가 the way는 관계부사 how와 함께 사용 불가
9. 전치사 for가 뒤에 남아 있으며, 선행사가 the reason인 관계대명사

10. 전치사 on이 뒤에 남아있으며 선행사가 the day인 관계대명사 which(=that)

확인문제

1. Do you remember the day when we met first?
2. This is the place where we planted an apple tree.
3. Tell me the reason why you dislike her.
4. Wherever you want to go, you can go.
5. However young you are, you should be responsible for the problem.

1. 관계부사 when을 이용한 문장
2. 관계부사 where를 이용한 문장
3. 관계부사 why를 이용한 문장
4. 복합 관계부사 wherever를 이용한 문장
5. 복합 관계부사 wherever를 이용한 문장

실전문제

1. This is the house where we had lived.
2. The time when we arrived was earlier than our expectation.
3. She doesn't know how he passed in that exam.
4. Do you know the reason why she dislikes you?
5. when
6. where
7. when
8. why
9. which
10. when
11. where
12. where

13. which
14. which
15. which
16. which
17. that
18. wherever
19. However
20. Whenever

확인문제 B

1. Falling
2. Being
3. Loving
4. It
5. Hurrying
6. written
7. who(=that)
8. I came
9. he was
10. call(ing)

1. When I fell down 은 분사 구문 Falling down으로 줄여 쓸 수 있다.
2. Because I was sick을 분사 구문 Being sick로 쓸 수 있다.
3. Though he loved를 분사 구문 Loving으로 쓸 수 있다.
4. 앞문장의 주어가 뒷문장의 주어와 일치하지 않으므로 주어를 반드시 적어 주어야한다.
5. If you hurry up은 분사 구문 Hurrying up으로 변형가능하다.
6. 주격관계대명사 + be 동사는 생략해도 문장의 뜻이 같다.
7. who is singing은 singing과 같은 의미가 된다.
8. 때를 나타내는 분사구문을 일반절로 바꾼 문장
9. 이유를 나타내는 분사구문을 일반절로 바꾼 문장
10. I heard my name called by somebody. (나의 이름이 누군가에 의해 불리어 지는 것을 들었다.)
    I heard somebody call my name. (누군가가 나의 이름을 부르는 것을 들었다.)

제5일 분사와 분사 구문(Participle & Participial Construction)

확인문제 A

1. called
2. painted
3. sleeping
4. standing
5. stolen
6. built
7. playing
8. repaired
9. traveling
10. clean

1. called : ~라고 불리어 지는
2. the picture painted : 그려진 그림
3. sleeping : 잠자는
4. standing : 서있는
5. her bag이 도난 되어 졌으므로 수동의뜻을 가지고 있다.
6. the theater는 지어 졌으므로 수동의 의미를 가진다.
7. 지각동사의 5형식 문장에서 목적보어는 to 부정사를 사용할 수 없다.
8. watch가 수리를 하는 것이 아니라 수리 되어 지므로 repaired를 사용 한다.
9. spend~ing : ~하면서 시간(혹은 돈)을 쓰다.
10. 지각동사와 마찬가지로 사역동사의 5형식 문장에서도 to 부정사를 목적 보어로 사용할 수 없다.

확인문제 C

1. The boy playing the guitar is my elder brother.
2. Do you have a novel written in

English?

3. The teacher stood (being) surrounded by children.
4. My dad is reading a newspaper watching TV.
5. Leaving his wife and baby, he was killed in the war.

1. playing : 연주하는
2. written : 적혀진
3. surrounded : 둘러싸인 채
4. watching : ~을 보면서
5. leaving : 남겨둔 채

실전문제

1. living
2. built
3. written
4. broken
5. Because(=Since) he has much money
6. as she said goodbye
7. When she saw me
8. If you kept awake for two days
9. Though(=Although) she gets up late
10. (Being) ill yesterday
11. Hurrying up
12. (Being) surprised at the robber
13. Smiling brightly
14. Having died in the battle
15. with
16. Being
17. Being
18. Having
19. with
20. with
21. It snowing
22. Having driven
23. Not feeling
24. Having been invited
25. with TV turned on

제6일 간접 의문문과 부가 의문문

확인문제

1. whose
2. how I can
3. whether
4. Whose
5. where you are
6. When do you guess
7. Who does she
8. who broke
9. Do you know how old
10. who you are

1. who의 소유격은 whose
2. 의문사가 있는 의문문의 간접의문문은 의문사+주어+동사가 된다.
3. if는 or not과 함께 쓸 수 없다.
4. whose : 누구의, 누구의 것
5. 간접의문문은 의문사+주어+동사의 어순이 된다.
6. guess동사가 있는 문장의 간접의문문
7. think, suppose guess, believe, imagine 동사가 있는 문장의 간접의문문은 의문사를 문장 맨 앞으로 불러 내어야한다.
8. 의문사가 주어인 문장의 간접의문문
9. 간접의문문은 의문사+주어+동사
10. 간접의문문은 의문사+주어+동사

확인문제 B

1. Who do you think
2. whether
3. who
4. when she comes
5. foolish
6. a foolish
7. How do you imagine
8. Who did you believe
9. Why did you suppose
10. what she wants

1. think, suppose, guess, believe, imagine 동사가 있는 간접의문문은 의문사가 문두에 위치한다.
2. whether ~or not(~인지 아닌지)
3. think동사가 있는 간접의문문
4. 간접의문문에서는 주어와 동사의 위치를 변경
5. how로 시작하는 감탄문에서는 부정관사(a, an)가 올 수 없다.
6. what으로 시작하는 감탄문은 부정관사가 반드시 있어야 한다.
7. imagine 동사가 있는 간접의문문
8. believe동사가 있는 간접의문문
9. suppose 동사가 있는 문장의 간접의문문
10. 의문가가 있는 문장의 간접의문문은 의문사+주어+동사

확인문제 C

1. Who do you think he is?
2. I don't know how old she is.
3. It's not important whether she knows me or not.
   = whether she knows me or not is not important

4. Where do you guess she lives?
5. I wonder if you can go out with her.

1. think동사가 있는 간접의문문
2. 의문사+ 주어 +동사
3. whether ~ or not : ~인지 아닌지
4. guess동사가 있는 간접의문문
5. I wonder if : ~인지 궁금하다

실전문제

1. How old
2. if(=whether)
3. who
4. where
5. How all
6. where
7. what kinds of
8. which way
9. if(=whether)
10. you met
11. Mr Kim lives
12. who broke his car
13. Whose girlfriend
14. wasn't he
15. shouldn't she
16. can you
17. will you
18. where your cats are
19. how long I have to run
20. when she came back

제7일 완료와 완료진행

확인문제 A

1. have never seen
2. since

3. visited
4. had left
5. did
6. just
7. yet
8. had been
9. has been reading
10. had lost

1. have never seen이 올바른 순서
2. 완료형 문장에서 from은 사용불가
3. 문장에 ago가 있으면 완료형 사용 불가
4. arrive한 것보다 left 한 것이 더 과거 이므로 had left(과거완료)
5. 의문사 when은 완료형문장에서 사용불가
6. just now는 완료형 문장에서 사용 불가
7. not ~ yet : 아직 ~ 하지 않는
8. came한 것 보다 더 이전부터 기다리고 있었으므로 had been waiting
9. since는 완료형 문장에서만 사용가능
10. 주절의 시제가 과거이므로 종속절은 과거완료가 적합

확인문제

1. from
2. will
3. had lost
4. would fly
5. studied
6. had lived
7. have not finished my work yet.
8. been
9. since
10. will have studied

1. since는 완료형 문장에서만 사용가능
2. 미래완료 : will(shall) have p.p
3. 주절의 시제가 과거이므로 종속절의 시제는 과거 혹은 과거완료가 온다.
4. 가정법 과거문장의 귀결 절이므로 would fly
5. have studying은 문법에 맞지 않다. 현재완

료의 계속적 용법은 have+p.p
6. move 한 것 보다 live 해오고 있는 것이 더 이전부터의 상황이므로 과거완료
7. 현재완료의 완료적용법, not ~yet : 아직 ~ 않는
8. has gone to : ~에 가버렸다, have(has) been to : ~에 갔다 온 적이 있다
9. 완료형 문장에서는 from 대신 since를 사용
10. 미래완료 : will(shall) have p.p

확인문제

1. I have studied English since 2000.
2. Our family had lived in New Zealand for 3 years.
3. Our grandfather has been to North Korea twice.
4. I have been waiting for her for 2 hours.
5. She must have studied English hard last year.

1. since를 이용
2. for를 이용
3. has been to : ~에 갔다 온 적이 있다
4. have been ~ing : ~해오고 있는 중이다
5. must have p.p : ~했었음에 틀림없다

실전문제

1. have lived
2. have never seen
3. has just made
4. has gone to
5. has been to
5. has ever seen
7. have been

8. since
9. studying
10. studied
11. will have studied
12. had been raining
13. had gone out
14. had met
15. has been living
16. has worked
17. has been playing
18. have been having
19. has studied
20. has been raining

제8일 가정법(Subjunctive mood)

확인문제 A

1. were
2. will
3. have flied
4. be
5. wish
6. wish
7. as if
8. would fail
9. would have failed
10. Were

1. 가정법 과거형의 문장
2. 가정법 현재형의 문장, if it is = If it be
3. 가정법 과거 완료형의 문장, 귀결절에는 현재완료형이 따라온다.
4. 가정법 현재형
5. I wish 가정법은 I wished가 될 수 없다.
6. I wish 가정법은 가정법과거 혹은 가정법 과거완료가 모두 가능
7. as if 가정법 : 마치 ~ 인 것처럼, even

though(=though) : 비록 ~ 일지언정
8. if it were not for : 가정법 과거
9. If it had not been for : 가정법 과거 완료
10. If I were a bird = Were I a bird (if를 생략하면 주어 동사를 도치 시켜야만 한다.)

확인문제 B

1. were
2. were
3. could have helped
4. break
5. came
6. wish
7. wish
8. had
9. as if
10. have

1. as if 가정법 과거형이므로 were를 사용한다.
2. I wish 가정법 과거형이므로 were를 사용한다.
3. 가정법 과거완료 문장의 귀결절
4. 가정법 현재형의 문장
5. 가정법 과거형의 문장
6. I wish 가정법에서 wish는 과거형이 불가능하다.
7. I wish 가정법에서 wish는 과거형이 불가능하다.
8. 가정법 현재완료는 없다, 가정법 과거 완료 문장으로 바꾸어 주어야한다.
9. as if 가정법(마치 ~인 것처럼)
10. 가정법 과거 완료 문장의 귀결절에는 현재 완료가 필요하다.

확인문제 C

1. I wish she were happy.
2. If I had had the book, I could have

lent it to you.
3. If I were rich, I would help poor people.
4. She always speaks as if she were a comedian.
5. If I be(=am) an English teacher, I can teach English interestingly.

1. wish 가정법(~라면 좋을 텐데)
2. 가정법 과거 완료형 문장의 귀결절을 만들 때 현재완료 문장을 반드시 사용해야한다.
3. 가정법 과거형의 문장 (해석은 현재로 한다)
4. as if 가정법(마치~ 인 것처럼)
5. 가정법 현재형 문장 (해석은 미래로 한다)

실전문제

1. had
2. had known, have
3. were
4. am(-be)
5. were
6. am(=be)
7. had been
8. had been
9. were
10. Had, been, But, Without
11. Were, But
12. Without
13. Were
14. But for
15. have been
16. Once
17. Had been
18. otherwise
19. In fact
20. I am sorry

제9일 수동태(The passive voice)

확인문제 A

1. called
2. to cry
3. to be
4. interested
5. with
6. at
7. with
8. writing
9. By
10. Is

1. be called : ~라고 불리어지다
2. I saw her cry의 수동태 문장
3. His father made her become a golf player의 수동태 문장
4. be interested in : ~에 흥미가 있다
5. be pleased with : ~로 기뻐하다
6. be surprised at : ~에 놀라다
7. be covered with : ~로 덮여있다
8. 과거 진행형의 문장
9. Who loves her?의 수동태 문장
10. The teacher love every children.의 수동태문장, every는 단수취급

확인문제 B

1. with
2. at
3. of
4. with
5. to
6. from
7. of
8. with
9. to
10. By

1. be pleased with : ~로 기뻐하다
2. be surprised at : ~에 놀라다
3. be composed of : ~로 구성되다

4. be satisfied with : ~에 만족하다
5. be known to : ~에게 알려지다
6. be made from : ~로부터 만들어지다(성분의 화학적 변화가 있는 경우)
7. be made of : ~로 만들어지다(모양의 물리적 변화만 있는 경우)
8. be covered with : ~로 덮여있다
9. His parents made him be a painter의 수동태 문장
10. Who wrote this book?의 수동태 문장

15. with
16. Their grandparents loved the children.
17. Where did you buy this camera?
18. Did the boy break the window?
19. He has repaired the watch.
20. I saw her cry.

확인문제

1. This book was written by Mr James.
2. The thief was seen to run away by us.
3. An email is being written by me.
4. By whom is she loved?
5. A cat has been raised by us.

1. 과거형의 수동태 문장
2. 지각동사가 있는 5형식 문장의 수동태
3. 현재 진행형 문장의 수동태
4. 의문문의 수동태
5. 현재완료형의 수동태

실전문제

1. is called
2. is loved by
3. to
4. was sent
5. to
6. from
7. in
8. with
9. for
10. of
11. at
12. with
13. of
14. to

제10일 관사와 It의 특별 용법

확인문제

1. a
2. an
3. an
4. a
5. an
6. the
7. The
8. The
9. for you
10. of you

1. a : 하나의
2. an : 하나의
3. an = same
4. a = per
5. honest에서 h는 묵음이므로 a가 아니라 an이 앞에 온다.
6. 앞에 나온 명사를 대신하는 대명사 the
7. the + 형용사 = 복수 보통명사
8. 유일한 것 앞에는 the
9. 가주어 it이 있는 문장에서 의미상 주어 찾기
10. 문두에 가주어 it이 있는 문장이며 의미상의 주어 앞에 사람의 특성이나 성격을 나타내는

형용사가 있는 경우 of+목적어가 의미상의 주어가 된다.

확인문제 B

1. an
2. an
3. a
4. a
5. a
6. a
7. the
8. the
9. the
10. of you

1. hour에서 h는 묵음
2. of an age : 같은 나이
3. a = per
4. a student and gag man : 학생이면서 동시에 개그맨
5. a bread and jam : 잼이 발린 빵
6. a Tolstoy : 톨스토이의 작품
7. 최상급 앞에는 the
8. 성서(유일한 것) 앞에는 the
9. 악기 앞에는 the
10. clever는 사람의 특성을 나타내는 형용사

확인문제

1. The wise are careful of speaking.
2. The sun rises in the east.
3. He has a watch and gold chain.
4. She is a singer and model.
5. The children are of an age.

1. the+형용사는 복수보통명사
2. 유일한 것 앞에는 the
3. a watch and gold chain : 금줄달린 시계

4. a singer and model : 가수이면서 동시에 모델
5. of an age : 같은 나이의

실전문제

1. A
2. a
3. an
4. a
5. An
6. a
7. a
8. an
9. A
10. An
11. The
12. The, the
13. The
14. the
15. The
16. The
17. The
18. the old
19. the
20. the
21. the
22. the
23. the
24. It
25. It
26. to climb
27. of you
28. of him
29. for her
30. that
31. that
32. it
33. to
34. that
35. it

제11일 부정사(Infinitive)

확인문제 A

1. to help
2. to do
3. to go
4. not to be late
5. something cold
6. to break

7. to learn
9. to go
8. so as to
10. to meet

1. ask A to B : A에게 B하는 것을 부탁하다
2. it (=가주어) ~ for+목적어(=의미상의 주어) ~ to+동사원형(=진주어)의 구문
3. too A to B : 너무 A 해서 B 할 수 없다
4. 부정사의 부정은 to 앞에 not을 사용
5. 명사를 꾸며주는 부정사의 형용사적 용법은 반드시 명사 뒤에서 수식 한다
6. decide 는 반드시 to 부정사를 목적어로 취하는 동사
7. try는 반드시 to 부정사를 목적어로 취하는 동사
8. so as to : ~하기위해서(=to+동사원형)
9. forgot to+동사원형 : ~할 것을 잊어버리다
10. remember to+동사원형 : ~할 것을 기억하다

확인문제

1. to go
2. nothing to do
3. of him
4. to go
5. for me
6. enter(= entering)
7. clean
8. had better not
9. to succeed
10. everything necessary

1. it (=가목적어) ~ to+동사원형(=진목적어)의 구문
2. 형용사적 용법의 부정사는 반드시 명사 뒤에서 수식
3. humble은 사람의 성격 혹은 특성을 나타내는 형용사 이므로 의미상의 주어는 반드시 of+목적어

4. plan은 to 부정사를 목적어로 취하는 동사
5. necessary는 사람의 성격이나 특성을 나타내는 형용사가 아니므로 의미상의 주어는 for+목적어
6. 지각동사(see)가 있는 5형식 문장에서 목적보어는 부정사를 사용할 수 없다
7. 사역동사(make)가 있는 5형식 문장에서 목적보어는 부정사를 사용할 수 없다
8. had better의 부정은 had better not
9. expect A to B : A가 B하는 것을 기대하다
10. something, everything, anything, nothing을 수식하는 형용사는 반드시 뒤에서 꾸며준다

확인문제

1. She doesn't know how to use computers.
2. The baby is too young to walk.
3. It is wise of you to do so.
4. I found it interesting that the child learns English.
5. My mother asked me not to sleep late.

1. how to use : 사용하는 방법
2. too ~ to ~ : 너무~해서 ~할 수 없다
3. it (=가주어)~of+목적어(=의미상의 주어) ~ to+동사원형(=진주어)의 구문, wise는 사람의 성격 혹은 특성을 나타내는 형용사
4. ~ it (가목적어) ~that (진목적어)구문
5. 부정사의 부정은 to 앞에

실전문제

1. to dance
2. to tell
3. I, should
4. to
5. to
6. to
7. to
8. to
9. to become
10. to lock
11. to smoke
12. in, order, to, so that
13. too, to
14. to
15. so, that
16. To tell the truth
17. meeting
18. to do
19. not to go
20. strong enough

제12일 동명사(Gerund)

확인문제

1. doing
2. smoking
3. seeing
4. to meet
5. handling
6. to return
7. talking
8. inviting
9. playing
10. playing

1. finish는 동명사를 목적어로 취하는 동사
2. stop ~ing : ~하는 것을 끊다, stop+to 부정사 : ~하기위해 멈춰서다
3. remember ~ing : ~ 했던 것을 기억하다
4. remember +to 부정사 : ~할 것을 기억하다
5. get used to~ing : ~하는 것에 익숙하다
6. forget+부정사 : ~할 것을 잊어버리다

7. without ~ing : ~하지 않고
8. thank you for ~ing : ~한 것에 감사하다
9. look forward to ~ing : ~하는 것을 고대하다
10. spend ~ing : ~하면서 시간을 보내다, ~하면서 돈을 쓰다

확인문제

1. to smoke
2. promising
3. to attend
4. meeting
5. studying
6. smoking
7. helping
8. going
9. sending
10. drinking

1. stop은 동명사를 목적어로 취하는 동사
2. 문장에 last week이 있으므로 forget ~ing (~했던 것을 잊어버리다.)
3. 문장에 tomorrow가 있으므로 remember + to부정사 (~할 것을 기억하다)
4. 문장에 ten years ago가 있으므로 forget ~ing (~했던 것을 잊어버리다)
5. give up ~ing (~하는 것을 포기하다)
6. keep + 목적어 + from ~ing : ~가 ~하는 것을 막다
7. thank you for ~ing : ~하는 것에 감사하다
8. look forward to ~ing : ~하는 것을 고대하다
9. remember ~ing : ~했던 것을 기억하다
10. stop~ing : ~을 끊다

확인문제

1. It is no use helping him.
2. There is no going out with Gyung Lim.
3. We are looking forward to meeting you.
4. The movie is worth watching twice.
5. How about going there with me?
27. They insisted on his paying the money.
28. On receiving the e-mail he wrote the reply.
29. She complained of not having been treated fairly.
30. There is no accounting for tastes.

1. it is no use ~ing : ~하는 것은 소용없다
2. there is no ~ing : ~하는 것은 불가능하다
3. look forward to ~ing : ~하는 것을 고대하다
4. be worth ~ing : ~할 만한 가치가 있다
5. how about ~ing : ~하는 것이 어떻습니까?

제13일 형용사(Adjective)의 비교 변화

확인문제

1. strongest
2. more difficult
3. better
4. tall
5. to
6. much
7. few
8. even
9. bigger
10. colder

1. strong의 최상급은 strongest
2. difficult의 비교급은 more difficult
3. good의 비교급은 better
4. as + 원급 + as : ~만큼 ~한
5. prefer A to B : B보다 A를 더 좋아하다
6. very는 형용사의 원급을 강조, much는 비교급을 강조
7. a few + 셀 수 있는 명사, a little + 셀 수 없는 명사
8. even은 형용사의 비교급을 강조
9. big의 비교급은 bigger
10. the + 비교급 ~ the + 비교급 : ~하면 할수록 점점 더 ~하다

실전문제

1. calling
2. going
3. There, is, no
4. is, no, use
5. shopping
6. discussing
7. travelling
8. singing
9. driving
10. doing
11. on, playing
12. meeting
13. living
14. reading
15. As, soon, as
16. is, busy, cooking
17. from, telling
18. going
19. came, near
20. goes, without
21. cry → crying
22. to see → seeing
23. to cook → cooking
24. to walk → walking
25. be treated → being treated
26. She is ashamed of her father's being poor.

확인문제 B

1. big
2. or
3. older
4. something helpful
5. as
6. more useful
7. even(= still = much = far = a lot)
8. sad
9. less
10. further

1. twice : 두 배 (=two times)
2. you or him
3. old의 비교급
4. something을 수식하는 형용사는 반드시 뒤에서 꾸며준다.
5. as soon as possible : 가능한 빨리
6. useful의 비교급은 more useful
7. very : 형용사의 원급을 강조하는 부사
   even, still, far, much, a lot : 비교급을 강보하는 부사
8. she looked sadly는 2형식 문장이므로 형용사 sad가 보어가 되어야한다.
9. 열등 비교 : less + 비교급 + than
10. farther : 거리를 나타내는 far의 비교급
    further : 정도를 나타내는 far의 비교급

확인문제 C

1. no more
2. less
3. more
4. I can
5. he could

1. not ~ any more = no more
2. A is fatter than B = B is less fatter than A

3. 비교급 문장으로도 최상급을 나타낼 수 있다. 긍정문에서 any는 단수, 부정문 의문에서는 단수, 복수가능
4. as ~ as possible = as ~ as 주어 + can
5. as ~ as possible = as ~ as 주어 + could

실전문제

1. faster
2. better
3. colder
4. richer, poorer
5. as, as
6. younger, less
7. prettier
8. most
9. longest
10. hottest
11. as, as
12. times
13. a, few
14. few
15. a, little
16. little
17. at, least
18. not, any, longer
19. to
20. times

제14일 일치와 화법(Agreement & Narration)

확인문제 A

1. has
2. was
3. is
4. are
5. has
6. is
7. is
8. is
9. would
10. eats

1. every는 단수취급
2. each는 단수취급

3. A short and fast dog : 작고 빠른 개
4. A short and a fast dog : 작은개 와 빠른 개
5. either A or B : 동사는 B에 일치
6. not only A but also B : 동사는 B에 일치
7. A as well as B : 동사는 A에 일치
8. neither A nor B : 동사는 B에 일치
9. 주절의 시제가 과거 이므로 종속절도 과거 (시제의 일치)
10. 습관을 나타내는 문장은 시제의 일치와 상관없이 항상 현재시제를 사용.

확인문제

1. are
2. was
3. was
4. know
5. is
6. is
7. villager
8. is
9. gets up
10. was

1. A black and a small dog : 복수
2. A black and small dog : 단수
3. all the money : 단수
4. Both Ⓐ and Ⓑ : 복수
5. A as well as B : 동사는 A에 일치
6. Not only A but also B : 동사는 B에 일치
7. every는 단수취급
8. neither A nor B : 동사는 B에 일치
9. 규칙적 습관을 나타내는 문장의 시제는 항상 현재형
10. 진리를 나타내는 문장의 시제는 항상 현재형.

확인문제

1. Ho dong told Yu Li that he loved her.
2. He asked me where I was going.
3. The teacher told us to clean the class room.
4. The politician told people that honesty is the best policy.
5. The criminal persisted that he (should) be innocent.

1. said to → told (~에게 말하다)
2. said to → ask (~에게 묻다)
3. said to → told (~에게 명령조로 말하다)
4. 진리를 나타내는 문장은 항상 현재시제
5. 주절에 persist가 있으면 종속절에는 반드시 should가 있다.

실전문제

1. to
2. advised
3. wanted, to
4. if(=whether)
5. exercises
6. is
7. should, be(=become)
8. should, marry
9. should, keep
10. had, lived
11. She told me (that) she was very happy then.
12. He told her (that) he had met her father.
13. I asked her who had broken the computer.
14. She asked me if she might use my MP3 player.
15. The teacher told us to be quiet.

16. needs
17. is
18. is
19. is
20. was
21. He said to me, "Close the window."
22. She said to me, "What time is it?"
23. Mary said to me, "Do you like me?"
24. My mother said to us, "Don't stop reading books."
25. He said to us, "I don't like the food."
26. that → if
27. where did she live → where she lived
28. has been → had been
29. was I → I was
30. was → is

제15일 조동사(Auxiliary Verb)

확인문제

1. must
2. hurry
3. Shall
4. used to
5. may not
6. must
7. would
8. had
9. was
10. not to play

1. must be : ~임에 틀림없다
2. need not + 동사원형 : ~할 필요가 없다
3. Shall we ~ ? 우리 ~ 할까요?
4. used to + 동사원형 : ~하곤 했다 (과거의 규칙적 습관)
5. may not + 동사원형 : ~하지 않을지도 모른다
6. must have p.p : ~이었음에 틀림없다.
7. would : ~하곤 했다 (과거의 불규칙적 습관)
8. have to의 과거
9. was able to = could
10. ought to(=must)의 부정은 ought not to

확인문제

1. study
2. may not
3. ought not to
4. need not
5. (should) stop
6. must
7. should
8. exercise
9. take
10. cooking

1. had better + 동사원형 : ~하는 것이 더 좋다
2. may의 부정은 may not
3. ought 새의 부정은 ought not to
4. 조동사 need의 부정은 need not
   I don't need it. (일반 동사의 need)
   I need not worry it. (조동사의 need)
5. insist(주장하다)가 주절에 나오면 종속절에는 should가 생략되어 있음을 기억해야 한다.
6. must have p.p : ~ 했음에 틀림없다
7. should have p.p : ~ 했어야만 했는데
8. used to + 동상원형 : ~ 하곤 했다
9. 주절에 propose(제안하다, 신청하다)가 나오면 종속절에 should가 생략되어 있다.
10. get used to ~ing : ~ 하는데 익숙하다

확인문제 C

1. Mr. James may go back to the USA next month.
2. There used to be an apple tree in the

237

back yard.
3. You need not hurry now.
4. Sam Soon and Sam Sik should have married.
5. Myung Soo must have succeeded in his business.

1. may : ~일지도 모른다
2. used to be : ~이 있었다 (과거의 상태)
3. need not + 동사원형
4. should have p.p : ~ 했어야만 했는데
5. must have p.p : ~ 했음에 틀림없다, ~이 었음에 틀림없다

실전문제

1. do
2. should, have
3. must, have
4. may, well
5. had, better
6. ought, to
7. should, have, apologized
8. needs, not
9. used, to
10. would
11. used, to
12. can, not, but
13. not, to
14. might(=could)
15. may, not
16. May
17. need, not
18. Shall, we
19. have, missed
20. shall, we

누적테스트 정답 및 해설

누적테스트(1과~3과)

1. ① 2. ② 3. ③ 4. ④
5. ① 6. ④ 7. ② 8. ④
9. ③ 10. ④ 11. ② 12. ④
13. ① 14. ① 15. ③ 16. ④
17. ① 18. ① 19. ④ 20. ④

1. 4형식 문장은 3형식 문장으로 전환할 때 문장의 동사가 get, make, buy, find 일 경우 간접목적어는 for+목적어가 되어 부사구로 됨
2. 4형식 문장을 3형식 문장으로 전환할 때 간접목적어는 to+목적어가 되어 부사구로 됨
   * get, make, buy, find for+목적어
   * ask → of+목적어
3. look이 2형식 동사(~처럼 보이다)로 사용될 때 형용사가 보어가 됨
4. look like to = seem to (~처럼 보이다)
5. of wisdom = wise
6. on purpose = purposely
7. seem = look (~처럼 보이다)
8. 선행사가 the first(서수)일 경우 관계대명사는 that을 사용해야만 됨
9. ask가 있는 4형식 문장을 3형식으로 전환할 때 간접목적어는 of+목적어로 되어 부사구가 됨
   * give, show, teach등 일반 동사의 4형식 문장을 3형식으로 전환할 때 간접목적어는 to+목적어
10. 사역동사가 있는 5형식 문장에서는 to 부정사를 보어로 사용 할 수 없음
11. 지각동사가 있는 5형식 문장에서는 to 부정사를 보어로 사용 할 수 없음
12. 관계대명사 앞에 콤마(,)가 있는 계속적 용법에서는 관계대명사 that을 사용 할 수 없음
13. according to+구 according as+절
14. whose+명사+동사 whom+주어+동사
15. 관계대명사 who는 선행사 spouses와 같으므로 동사는 are
16. him이 추방되어 진다는 의미가 되므로 banished가 적합
17. buy가 있는 4형식 문장을 3형식으로 전환한 문장이므로 간접목적어는 for+목적어가 되어 부사구로 전환됨
18. 소유격 관계대명사 (whose)+명사+동사
19. 선행사가 최상급일 때 관계대명사는 that
20. marry : ~와 결혼하다

누적테스트(1과~6과)

1. ② 2. ④ 3. ① 4. ②
5. ① 6. ③ 7. ④ 8. ①
9. ④ 10. ④ 11. ② 12. ①
13. ③ 14. ④ 15. ① 16. ④
17. ① 18. ② 19. ① 20. ④

1. 관계부사 = 전치사+관계대명사
   * where = in which
2. 문맥상 양보의 뜻(though)으로 해석하면 가장 적합함
3. whether = if (~인지)
4. 관계부사 why = for which
5. graduate from : ~을 졸업하다
   from which = when(관계부사)
6. 앞 문장과 뒷문장의 주어가 다르므로 분사구문의 주어를 생략할 수 없음
7. 간접의문문에서 think, suppose, guess, believe, imagine의 동사가 있을 경우 의문

사를 문장 앞으로 보내야만 함
8. broken window (부숴진 창문)
9. 문장 끝의 전치사를 관계대명사 앞으로 가져올 수 있지만 이때 관계대명사 that은 사용불가
10. his room이 청소하는 게 아니라 청소되어지므로 cleaned가 his room의 보어가 됨
   * remain : (어떤 상태로) 머무르다
11. be about to + 동사원형 : 막 ~하려고 하다
12. According to + 구
13. 선행사가 the only man called X-man 이며 선행사에 the only가 있을 경우 관계대명사는 that만을 사용
14. successful something (×)
    something successful (○)
15. 수동의 의미를 가지는 과거분사 구문 (being looked)이 아니라 능동의 의미를 가지는 현재분사 구문 (looking)
16. 선행사가 사람과 동물이므로 관계대명사는 that을 사용
17. However ~ : 아무리 ~일지라도
18. think동사가 있는 간접의문문은 의문사가 앞에 위치함
    A : Do you think
    B : What is the best way to learn English well?
      → Do you think what the best way is to learn English well? (×)
      → What do you think the best way is to learn English well? (○)
19. 문맥상 분사 구문 Not knowing(알지 못했기 때문에)이 가장 적합, 부정형의 분사구문에서 not은 분사 앞에 위치함
20. We saw a mouse killed by our kitten에서 mouse가 kill 하는 게 아니라 kill이 되므로 수동의 의미를 가지는 과거분사가 보어로 됨

누적테스트(1과~9과)

1. ③	2. ②	3. ③	4. ③
5. ②	6. ④	7. ③	8. ④
9. ①	10. ④	11. ③	12. ③
13. ④	14. ①	15. ④	16. ④
17. ③	18. ①	19. ③	20. ②

1. 선행사가 사람일 때 목적격관계대명사는 whom
2. Whoever (주격 복합관계 대명사) + 동사
   Whomever (목적격 복합관계 대명사) + 주어 + 동사
3. Without = If it were not for(~이 없다면) = If it had not been for (~이 없었다면)
   * except for : ~을 제외하고
   * besides : ~ 이 외에
4. 가정법 과거형의 문장은 직설법으로 고칠 때 현재형의 문장이 됨
5. 수동의 의미를 가지는 과거분사 구문이므로 Being killed
6. by accident = accidentally
7. 관계대명사 앞에 콤마(,)가 있는 계속적 용법에서는 that을 사용 할 수 없음
8. 완료형의 문장에서는 from 대신 since를 사용해야만 함
9. 지각동사가 있는 5형식 문장을 수동태로 전환할 때는 to 부정사로 문장을 연결해야만 함
   We saw her run away.
   → She was seen to run away by us. (지각동사가 있는 5형식 문장의 수동태)

Who loves she?
→ By whom is she loved? (의문문의 수동태)

10. He heard his name calling에서 his name 이 call 하는 게 아니라 call 되므로 수동의 의미를 가지는 과거분사를 보어로 사용함

11. (being) surrounded by children : 어린아이들에게 둘러싸인 채

12. buy가 있을 때 for+목적어의 형태로 부사구가 됨

13. find+목적어+목적보어 : ~가 ~하다는 것을 알다
the new discoveries : 목적어 exciting : 목적보어
* find A B : A가 B하다는 것을 알다

14. 의문문의 수동태는 By whom+be+주어+과거분사

15. disappear, consist등은 자동사이므로 수동태문장이 불가능함

16. TV가 수리되어 지므로 mended를 사용

17. 가정법 과거완료 문장의 귀결절에는 현재완료가 옴

18. with+목적어+현재분사 : ~하면서 (능동의 의미를 가진 분사구문)
with+목적어+과거분사 : ~되어 진 채 (수동의 의미를 가진 분사구문)

19. as if he had been : as if 가정법 과거완료 문장

20. 소유격 관계대명사 whose+명사+동사

누적테스트(1과~12과)

1. ③	2. ②	3. ②	4. ①
5. ④	6. ③	7. ③	8. ③
9. ①	10. ①	11. ③	12. ③
13. ③	14. ③	15. ④	16. ④
17. ①	18. ①	19. ②	20. ①

1. show가 동사인 4형식 문장의 간접목적어
2. so that+주어+can : ~하기위해, ~하도록
3. ago는 과거형 문장에서만 사용가능
4. so ~ that+주어+cannot ~ =too ~ to : 너무 ~해서 ~할 수 없다
5. so that+주어+can=so as to (~하기 위해)
6. 사람의 성격이나 특성을 나타내는 형용사가 문장에 있을 때 의미상의 주어는 of+목적어가 됨
7. A poet and doctor : 시인이면서 의사인 사람 : 단수취급
I think it cruel to kill dogs : it(가목적어) to kill dogs(진목적어)
8. 방향 앞에는 the가 있어야 함   of honesty = honest
9. consist (구성되어지다)는 자동사이므로 수동태로 사용 불가
10. forget to+동사원형 : (미래에) ~할 것을 기억하다
forget+동명사 : (과거에) ~했던 것을 기억하다
11. look forward to+동명사 : ~하는 것을 고대하다
12. difficult는 사람의 성격이나 특성을 나타내는 형용사가 아니므로 의미상의 주어는 for+목적어
13. try는 부정사를 목적어로 취하는 동사

14. 문장에 과거를 나타내는 전치사 ago가 있으므로 현재완료형 문장은 사용 불가
15. 나머지 모두를 의미하는 'rest;'는 의미가 한정 되어지므로 정관사 the rest가 되어야 함
16. decide 동사는 부정사를 목적어로 취하며 부정사의 부정문을 만들기 위해서 not은 to앞에 위치 함
17. stop은 동명사를 목적어로 취하는 동사
18. look forward to+동명사 : ~하는 것을 고대하다
19. what+a(an)+형용사+명사+주어+동사 : 감탄문
20. 단위 앞에는 정관사 the가 붙음

누적테스트(1과~15과)

1. ④	2. ③	3. ①	4. ①
5. ①	6. ②	7. ①	8. ②
9. ③	10. ②	11. ①	12. ③
13. ②	14. ①	15. ④	16. ②
17. ①	18. ②	19. ②	20. ④

1. 가정법 과거완료형의 문장
2. pleasant의 비교급은 more pleasant
3. It is no use ~ing : ~하는 것은 소용이 없다
4. I wish 가정법 과거는 직설법 현재형의 문장으로 전환 할 수 있음
5. 귀결절에 would have failed가 있으므로 가정법 과거완료의 문장
6. general(장군)이 officer(장교)에게 말한 것은 명령이므로 ordered를 사용

7. leave A B : A를 B한 상태로 두다
   survive : ~보다 오래 살다
   be composed of : ~로 구성되다
   used to+동사원형 : (과거의 상태) ~이 있었다
8. 주절의 시제가 said(과거)일 때 종속절의 시제는 현재형을 쓸 수 없음
9. cannot help~ing : ~하지 않을 수 없다
   get used to ~ing : ~하는 것에 익숙하다
10. A as well as B : 동사는 A에 일치
11. keep on ~ing : ~하는 것을 계속하다
12. be used to ~ing=get used to ~ing(~하는 것에 익숙하다)
13. should have p.p : ~했어야만 했는데(하지 못해 안타깝다)
    must have p.p. : ~했음에 틀림없다, ~이 었음에 틀림없다
14. 문장 뒷부분에 than이 있으므로 비교급 문장
15. 대명사 him을 받고 있으므로 his duty
16. 때를 나타내는 부사절에서는 현재형이 미래를 나타냄
17. 명령문, 권유문의 부가의문문은 shall we?
18. used to+동사원형 : 과거의 규칙적 습관을 나타냄(~하곤 했다)
19. A number of=many
    * a number of students : 많은 학생들
    * the number of students : 학생들의 숫자
20. 주절에 propose, request, demand, suggest, order (제안, 요구, 부탁, 명령을 나타내는 동사)등이 있을 때 종속절에는 반드시 should가 생략 되어 있음